LA REINE

DE L'ANDALOUSIE

SOUVENIRS D'UN SÉJOUR

A SÉVILLE

LA REINE

DE

L'ANDALOUSIE

SOUVENIRS D'UN SÉJOUR

A SÉVILLE

PAR

PAULIN NIBOYET

PARIS

JULES TARDIEU, ÉDITEUR

13, RUE DE TOURNON, 13

1858

A MONSIEUR

LE COMTE TH. DE LESSEPS,

Ministre plénipotentiaire de France, etc., etc.

AVANT-PROPOS.

> Quien no ha visto á Sevilla
> No ha visto maravilla.

Il en est des villes comme des femmes, — qu'on nous pardonne ce début un peu excentrique — on les aime souvent sans les connaître, par intuition, pour le bien qu'on en entend dire, à cause du nom qu'elles portent. Ainsi de Séville !

Qui de nous n'a rêvé d'elle, à cet âge heureux où l'on rêve encore ? qui n'a fait le doux ciel de l'Andalousie complice de ses premières amours ? qui n'a placé son petit roman sur les bords enchanteurs et enchantés du Guadalquivir ? Nous le demandons à tout le monde, en général, et à la pléiade des poëtes en particulier.

Pour avoir agi autrement, il faudrait n'avoir jamais eu vingt ans ; or, tous ceux qui ont eu vingt ans — nous ne disons pas tous ceux qui ont aimé : ils sont plus rares ! — tous ceux qui ont eu vingt ans ont éprouvé un jour, une heure, une minute, ce quelque chose d'enivrant qu'on appelle la jeunesse et qui a soif de soleil, de fleurs, de beauté, d'enchantements et de volupté! Tous ceux qui ont eu vingt ans ont eu leur grain de poésie dans le cœur; tous ceux qui ont eu vingt ans ont eu leur petite mantille andalouse qui leur trottait dans l'esprit; en un mot, et pour me répéter, ils ont rêvé de Séville! Séville la mauresque, Séville l'amoureuse, Séville au pied mignon, Séville aux longues capes et aux éternelles sérénades!

Si bien que parler d'elle, c'est parler d'une vieille maîtresse, restée jeune par le souvenir, et que prononcer son nom, c'est faire vibrer la corde des émotions si douces d'un passé trop court! Hélas! — soupirera le lecteur, et tout en soupirant, il se remémorera, ce qui est encore une bonne chose.

Parlons sérieusement. Il est certain qu'il y a deux villes, de par le monde, qui ont cet heureux, ce poétique privilége d'éveiller l'imagination et de présenter à l'esprit l'idée du beau, du surnaturel, du merveilleux. Ce sont Venise et Séville!

L'une, assise comme une reine au milieu des lagunes de l'Adriatique; l'autre, pareille à une fée des eaux, coquettement cachée derrière les roseaux du Guadalquivir. Le lecteur comprendra que nous faisons un peu de poésie en passant, et que *roseaux* est ici synonyme de *peupliers*.

D'autres rapports plus intimes que ceux créés par l'imagination du rêveur de vingt ans — ou même de trente — existent encore entre les deux cités, jadis têtes d'États, et toujours fameuses. La première eut pour habitants primitifs les Hénètes et Vénètes, qui, fuyant en 452 devant les Huns et en 568 devant les Longobards, vinrent s'établir dans les lagunes et transformèrent bientôt en demeures plus sûres et plus commodes leur premier asile; la seconde, infiniment plus ancienne, à la vérité, dut aussi son origine à l'émigration semblable d'une peuplade étrangère. Toutes deux tinrent longtemps le sceptre de la guerre, de la navigation et des arts; toutes deux ont la même histoire héroïque; toutes deux ont pris des Maures le caractère distinctif de leur architecture; toutes deux, enfin, ont également épouvanté le monde, pendant des siècles, par les mystères affreux de leur sinistre inquisition!

Mais c'est de Séville seule que nous parlerons aujourd'hui, et qui plus est, de la Séville moderne. Nous n'avons pas l'intention d'écrire une préface. Dieu nous préserve de ce travers. Nous dirons seulement que le livre que nous allons publier, après tant d'autres meilleurs, sur la *Reine de l'Andalousie*, est une œuvre sans prétention, plutôt légère que sérieuse, plutôt le sourire sur les lèvres et le bouquet au côté que la larme à l'œil et le crêpe au chapeau.

Nous ferons un peu d'histoire, afin de prouver que

nous avons feuilleté de gros volumes et couru les bibliothèques, ce qui aide quelquefois à devenir sous-préfet; nous donnerons quelques notices scrupuleusement exactes sur tel ou tel monument, sur tel ou tel homme, mais surtout nous irons à l'aventure, en flâneur, en touriste, en amoureux des couchers de soleil et des clairs de lune, en artiste! Cette manière de voir et de juger une ville, qui paraît de prime abord la plus mauvaise, n'est-elle pas au fond la meilleure?

Ce que nous promettons à ceux qui voudront bien nous suivre dans notre excursion à travers une cité dont l'origine se perd dans la nuit des temps, qui compte Hercule, Jules César et saint Ferdinand au nombre de ses fondateurs, qui a résisté à Nabuchodonosor, et a été tour à tour envahie par les Romains, les Arabes et les mahométans, c'est la vérité quand même, la vérité toujours, la vérité décemment vêtue, sans doute, mais à l'antique : autrement dit, sans paniers et sans accessoires imposteurs.

Nous aimons Séville, nous ne lui casserons donc pas à chaque instant un encensoir sur le nez. Cette dernière phrase résume le programme que nous nous sommes tracé. Nous n'y ajouterons qu'un mot :

VALGANOS DIOS!!

Dessin de A. Du Buisson.) Typ. H. Plon. J. Tardieu, éditeur.

VUE DU GUADALQUIVIR.

LA REINE
DE
L'ANDALOUSIE
SOUVENIRS
D'UN SÉJOUR A SÉVILLE.

I.

FONDATION DE SÉVILLE.

Hercule. — Ce que nous dit l'histoire et ce qu'elle ne nous dit pas. — Le distique de la porte de Jerez [1] et la foi qu'il faut y ajouter. — Jules César. — A-t-il réellement entouré Séville de murailles et de hautes tours? — Saint Ferdinand. — Ses successeurs. — Don Alphonse le Sage. — Les armes qu'il donna à Séville — Don Pedro le Justicier ou le Cruel. — Réserves de l'auteur à l'égard des appréciations de l'histoire sur ce prince. — La fidélité de la reine de l'Andalousie ressemble à la fidélité de beaucoup de femmes. — Naïveté d'un écrivain de l'an 1700. — Les inondations et les épidémies du dix-septième siècle. — Les quatre surnoms de Séville. — Ils résument son histoire.

L'histoire et la date de la fondation de Séville se perdent dans la nuit des temps les plus reculés, les plus

[1] Nous conserverons en plusieurs endroits l'orthographe espagnole aux noms d'hommes, de monuments et de choses.

inconnus, et par conséquent les plus fabuleux. Aussi prononce-t-on modestement à ce sujet le nom d'Hercule !...

Hercule, le fils du grand Osiris, le petit-fils de Cham et l'arrière-petit-fils de Noé! Pourquoi pas? Hercule, qui avait le goût des choses impossibles, est bien capable d'avoir eu celui de bâtir une ville, à cette époque où l'on en bâtissait si peu; et d'ailleurs l'histoire n'y regarde pas de si près quand il s'agit pour elle d'inscrire un nom sur la première pierre d'une cité ou d'un monument.

Donc Séville a été fondée par Hercule il y a environ quatre mille ans. Du moins on l'affirme, et comme on a écrit pour le prouver une foule de gros volumes, il faudrait en écrire une foule d'autres non moins gros pour prouver le contraire, ce qui ne ferait ni le compte du lecteur ni le nôtre. *Con que,* inclinons-nous respectueusement, et disons avec le distique de la porte de Jerez :

HÉRCULES ME EDIFICÓ!

D'autant plus qu'après tout ce n'est pas impossible. Seulement, de l'aveu que nous faisons ici, pour ne pas trop contrarier les savants, à une description complaisante des travaux ordonnés et exécutés par Hercule, il y a un abîme, et nous ne le franchirons pas.

Tout le monde se doute qu'on n'écrivait guère mieux l'histoire il y a quarante siècles que de nos jours, et par conséquent nul n'ignore le cas qu'il convient de faire de certains *articles de foi* arrivés jusqu'à nous, on ne sait comment.

Nous le répétons donc, il n'est pas impossible qu'Hercule ait fondé Séville; mais ce qui est fort impossible, c'est d'en savoir plus long à cet égard. Nous défions qu'on puisse soutenir sérieusement que le fils d'Osiris bâtit lui-même, sur le bord du Guadalquivir actuel, et pour perpétuer la gloire de son nom, une ville que l'on prétend avoir été, dès cette époque, magnifique, et qui, ajoute-t-on, serait en grande partie celle que l'on admire encore de nos jours.

Tout ce que l'on sait vraiment de Séville, avant les Romains, c'est qu'elle s'appelait ***Hispal,*** et formait un établissement phénicien lié à Gaddir et à Cordoue; les Romains firent de ce nom ***Hispalis,*** puis les Maures ***Ishbilia,*** d'où dérivent ***Sibilia, Sevilla.***

Peut-être le lecteur trouvera-t-il qu'il y a un peu loin d'***Hispal à Séville...*** franchement nous serions assez de son avis; cependant, à l'aide de la lexicologie, d'un tableau noir, d'un morceau de craie et d'un peu de bonne volonté, on arrive plus facilement qu'on ne le croirait d'abord à opérer ce rapprochement.

Voici la manière de procéder; nous la tenons de notre ami Chavée, fort célèbre en ces sortes de matières, et garçon d'infiniment d'esprit, comme tout le monde sait, mais auquel nous ne reprochons que sa trop grande science.

On écrit donc tout en haut du tableau, en lettres énormes :

HISPAL.

Puis au-dessous, en caractères moins forts :

HISPALIS.

Plus bas :

ISHBILIA.

Plus bas encore :

Sibilia.

Et on arrive triomphalement à :

SEVILLA!

C'est avec cet ingénieux système que l'on fait dériver ***mantelet*** de ***peplum***, et ***chapeau*** de ***bandelettes!*** Rien n'est plus simple, comme on voit, et c'est à la portée de tout le monde. En somme, ***Séville*** peut bien avoir été ***Hispal***, puisque Tolède a été ***Tolaïtola; Ecija, Astigi; Saragosse, César-Augustea***, et ***Grenade***, — c'est le ***non plus ultrà*** du genre, — ***Iliberis!***

Pour en revenir à la fondation de la ***Reiña de Andalucia***, disons que ce fut Jules-César qui en eut la véritable pensée, et qui se montra assez grand pour pouvoir l'exécuter. Cordoue ayant embrassé la cause de Pompée, il s'empara de Séville le 9 août de l'an 49 avant Jésus-Christ, *la ceignit de murailles* et en fit sa capitale.

Nous avons souligné avec intention ces mots : *la ceignit de murailles,* parce que c'est encore là un de ces faits historiques passés à l'état de dicton et devant lesquels il n'y a qu'à s'incliner, quelque envie qu'on ait de n'en rien faire.

HÉRCULES ME EDIFICÓ
JULIO CÉSAR ME CERCÓ
DE MUROS Y TORRES ALTAS,

dit la porte de Jerez, et comme la porte de Jerez n'en sait rien, il faut bien le croire. Ce qu'il y a de positif, selon nous, c'est que les murailles actuelles ne sont bien évidemment pas celles élevées par Jules César. Les Romains ne bâtissaient pas ainsi, ils avaient une manière à eux qui se reconnaît à des caractères certains, et si la porte de Jerez n'a pas d'autre raison de supposer que Jules César *ceignit de murailles* Séville que l'existence des fortifications qui s'étendent toujours à ses pieds, elle pourrait bien se tromper. Au surplus, nous traiterons cette question en son lieu.

Nous ne faisons que l'indiquer ici.

Après de nombreuses vicissitudes, Séville devint la capitale des Goths jusqu'à Leovigilde, qui, au sixième siècle, transféra le siége de la royauté à Tolède, ville fameuse et bien connue par ses *bonnes lames....* grâce à Alexandre Dumas.

Mais en abandonnant Séville pour un point plus central, Leovigilde y laissa son fils Hermenegildus en qualité de vice-roi. Ce digne prince ayant voulu faire assassiner son père, fut mis à mort. C'est vers ce temps-là, et à cette occasion, que Séville se rendit sans résistance aux Maures. Et ainsi s'explique le quatrième vers de l'érudite porte de Jerez :

UN REY GODO ME PERDIÓ.
Un roi goth me perdit.

Par bonheur, Hermenegildus avait laissé une veuve, Egilona, dont la beauté fut chantée par le poëte du temps. Cette veuve, bien que du sixième siècle, ressemblait à toutes celles du dix-neuvième, ce qui est dire qu'elle était inconsolable et qu'elle se remaria, six mois après la mort de son premier époux, avec *Abda-J-Azis,* fils de *Musa-Jbn-Nosséir,* le vainqueur. Si bien que la chaîne des rois de Séville ne fut pas entièrement interrompue, et que les derniers Goths déteignirent un peu sur les premiers Maures.

Plus tard, à la mort d'*Abent-Hul,* Séville se constitua en république, mais cette forme austère de gouvernement ne lui convint pas longtemps, d'autant plus que là, comme presque partout, ce qui manquait à la république, c'étaient les républicains.

Plusieurs siècles s'écoulèrent, remplis tour à tour par la domination des Arabes et celle des Turcs (en ce temps-là, le prince Menschicoff n'était pas encore allé à Constantinople) ; puis, à ces longues luttes, la puissance des Maures finit par s'affaiblir, et un roi chrétien, un roi saint, vint lui porter le dernier coup. Une ère nouvelle commençait.

Séville, qui avait été fondée par un des héros de la fable, avait appartenu un instant aux Phéniciens, avait vu entrer dans ses murs les formidables légions de Nabuchodonosor II (dont on disait qu'elles étaient plus nombreuses que les *étoiles du ciel*), avait subi une invasion carthaginoise, avait obéi aux Romains, aux Goths, aux Arabes et aux Turcs; Séville, disons-nous, allait devenir catholique.

En 1197 ou 1198, doña Berenguela de Castille, femme de don Alonso IX de Léon, mit au monde un fils auquel on donna le nom de Ferdinand. Ce Ferdinand est celui qui, cinquante ans plus tard, c'est-à-dire en 1247, vint mettre le siége devant Séville, après avoir affermi les royaumes de Léon et de Castille, et s'être emparé de Cordoue et de Jaen. Son nom était déjà célèbre en Espagne, tant à cause de l'auréole de gloire que de celle de vertu dont il était entouré, et, comme un de nos bons vieux rois de France, c'est avec justice, dit-on, qu'on l'appelait saint.

Les détails du siége de Séville, racontés dans les ballades et dans le poëme du comte de la Roca : ***San Fernando o Sevilla restaurada*** (Milan, 1632), ne présentent qu'une série de hauts faits et d'actes héroïques qui tiennent du prodige, étonnent et frappent l'imagination. La défense fut digne de l'attaque, et Séville résista vaillamment pendant une année ; mais le Guadalquivir étant au pouvoir des assiégeants et nul secours ne pouvant par conséquent arriver d'Afrique, elle dut se résigner à céder. Le 23 décembre 1248, elle se rendit, et ainsi finit l'empire des Maures en Andalousie ; Séville ne fut pas la dernière ville que ceux-ci abandonnèrent, quoi qu'en aient dit certains auteurs, c'est Grenade ; seulement leur chute date de l'entrée de saint Ferdinand dans l'ancienne ***Hispalis.***

Ce dernier ne jouit pas longtemps du fruit de ses victoires. Il avait usé sa vie à lutter ; il mourut sur son triomphe. C'est l'histoire de tous les hommes qui ont une mission à accomplir. La mission accomplie, Dieu retire de leur cœur le flambeau qui les a guidés au succès ! Ce fut le 20 mai 1252, c'est-à-dire pas tout à fait quatre ans après la reddition de Séville, que ce grand roi s'éteignit dans sa ville conquise. Canonisé en 1668 par Clément IX, son corps fut déposé en 1729 dans la châsse que l'on voit encore aujourd'hui, par Philippe V. Séville demeura fidèle à son fils, et continua d'être la capitale de l'Espagne jusqu'à Charles-Quint, qui transporta la cour à Valladolid.

La découverte de l'Amérique eut une très-grande influence sur les destinées de Séville, qu'elle éleva à un très-haut degré de splendeur. N'oublions pas de dire en passant que c'est le siége mémorable entrepris et mené si heureusement à bonne fin par saint Ferdinand, et pendant lequel se distingua d'une façon si brillante don Garcia Perez de Vargas, qui a fourni ces deux derniers vers au distique de la porte de Jerez :

El rey Santo me gañó
Con Garci Perez de Vargas.

lequel distique, ainsi complété, se compose des strophes suivantes :

Hércules me edificó
Julio César me cercó
De muros y torres altas.
Un rey godo me perdió
El rey santo me gañó
Con Garci Perez de Vargas.

qui signifient :

Hercule me bâtit; Jules César m'entoura de murailles et de hautes tours; un roi goth me perdit; le roi saint me reconquit, aidé par Garci Perez de Vargas.

Ces six vers espagnols, qui sont assez mauvais, et dont l'auteur a eu le bon esprit de rester inconnu, ne sont que la paraphrase un peu allongée des deux vers latins :

Condidit Alcides, renovavit Julius Urbem :
Restituit Christo Fernandus tercius heros.

en français :

Hercule me fonda, César m'a restaurée,
Fernand Trois, le héros, au Christ m'a consacrée.

Don Alphonse, fils aîné de saint Ferdinand, succéda à son père le 2 juin 1252. Ce monarque, auquel on donna le surnom de *Sage*, et qui du reste aida à la grandeur de Séville, avait, à ce qu'il paraît, un faible pour les calembours, car il en fit jusque sur les armes de sa bien-aimée capitale :

NO 8 DO

L'espèce d'écheveau placé entre les deux monosyllabes No et Do, et qui en espagnol s'appelle MADEJA, forme le jeu de mot suivant : No MADEJA Do, ou NE M'A PAS ABANDONNÉ. Seulement, en dehors de ce sens excessivement tiré par les cheveux, le petit paquet de fil de Sa Majesté Don Alphonse n'a plus aucune espèce de signification, ce qui prouve qu'au treizième siècle on était moins fort que de nos jours sur les calembours. La passion des calembours n'empêcha pas don Alphonse le Sage de mourir. Il s'éteignit paisiblement le 14 avril 1284, après un règne assez agité de trente-deux ans. Il fut enterré dans la chapelle royale, à côté du corps de saint Ferdinand, son père.

Son successeur fut don Sanche IV, qui, sacré roi à Tolède par l'archevêque de cette ville, vint ensuite à Séville, où la reine doña Maria mit bientôt au monde un fils qui fut plus tard Ferdinand IV. Don Sanche ne porta la couronne d'Espagne que onze ans; mais pendant ce court espace de temps il sut illustrer son règne par de nombreux hauts faits d'armes, dont il partagea du reste la gloire avec le chevaleresque et l'héroïque don Alonso Perez de Guzman, surnommé le *Bon*.

Ferdinand IV, encore enfant, monta sur le trône sous la tutelle de doña Maria sa mère et de l'infant don Enrique, son oncle. Sa jeunesse orageuse fut fertile en calamités pour la pauvre Séville, qui, à cette époque, recommençait à souffrir des terribles épidémies dont sa position lui a de tout temps valu le triste privilége.

Heureusement Ferdinand IV mourut de bonne heure. Malheureusement il laissait un fils âgé de treize mois, et c'est ainsi qu'un mal fit oublier un bien. De longues et sanglantes intrigues marquèrent le commencement de ce règne, assez glorieux ensuite, et dans lequel se distinguèrent les Guzman, les Ponce de Léon, les Gutierrez de Tello, les Yañez de Mendosa, les Diaz de Rojas et beaucoup d'autres, qui accompagnèrent le jeune roi dans sa première campagne.

C'est sous Alonso, fils de Ferdinand IV, que fut prononcé pour la première fois ce distique fameux :

Quien no ha visto á Sevilla
No ha visto maravilla,

distique attribué à l'un des chevaliers castillans qui, appelés à la nouvelle cour, venaient pour la première fois à Séville.

A ce monarque succéda don Pedro, surnommé le *Cruel*, et dont la mémoire vivra aussi longtemps que celle de son aïeul saint Ferdinand, ce qui prouve bien qu'il y a pour la postérité, comme pour le ciel, plusieurs chemins. En faisant la description de l'Alcazar, plein encore de son nom, de ses amours et de ses crimes, nous aurons occasion de reparler de ce prince, qui ressemblait à Louis XI par plus d'un côté, et que l'histoire a peut-être jugé plus sévèrement qu'il ne méritait, en se mettant trop souvent à la place des victimes et pas assez à celle du bourreau ou du justicier. A l'époque où vivait don Pedro, les monarques avaient le droit de cruauté, et beaucoup en ont usé par simple fantaisie, fantaisie coupable assurément; mais le quatorzième siècle n'était pas le dix-neuvième, tandis que le royal amant de Maria de Padilla poursuivait une idée, un but! Au surplus, nous le répétons, c'est à propos de l'Alcazar que nous aurons occasion de revenir sur ce sujet.

Don Pedro mourut le 23 mars 1369, à l'âge de trente-cinq ans, assassiné par Enrique II de Castille, qui monta sur le trône encore couvert du sang de sa victime, et fut même aussi bon roi que grand politique, habile négociateur, diplomate heureux et homme intègre... C'est du moins l'histoire qui parle... cette histoire si sévère pour don Pedro!... et nous sommes trop polis pour la contredire.

Après Enrique II de Castille vint Jean Ier. Ce prince

fut malheureux dans toutes ses entreprises, et notamment dans la guerre qu'il soutint contre le Portugal, ce qui n'empêcha pas Séville de l'acclamer avec l'enthousiasme habituel qu'elle tenait sans cesse tout prêt pour chacun des différents monarques qui lui faisaient l'honneur de se succéder dans ses murs.

Et qu'on nous permette à cette occasion une humble observation. Séville nous produit, au milieu de son éternelle allégresse et de sa fidélité séculaire, l'effet de ce bon bourgeois de Paris qui prétendait n'avoir pas dévié une seule fois de ses principes politiques depuis plus de trente ans.

— Je suis toujours de l'avis du gouvernement, disait-il; les pouvoirs changent, il est vrai, mais moi je ne change jamais!

De même pour Séville. Sa fidélité ne s'est altérée à aucune époque... il n'y a que les objets de sa fidélité qui aient varié! A ce compte-là, les femmes les plus coquettes ne trompent personne, car elles n'ont d'ordinaire qu'un amant à la fois!

Mais passons. A la mort de don Juan ou Jean Ier, Enrique III monta sur le trône à l'âge de onze ans. Pour traduire le *De viris illustribus* ou jouer au cerceau, c'est fort bien; pour gouverner, c'est un peu jeune. L'Espagne s'en aperçut trop tôt et trop tard tout à la fois. Pendant plusieurs années, les spoliations, les crimes, les dilapidations, les orgies ne formèrent qu'une longue liste honteuse, au bas de laquelle il faut inscrire la Saint-Barthélemy de Séville, Saint-Barthélemy dans laquelle plus de quatre mille juifs furent égorgés au nom de celui qui avait dit : Aimez-vous les uns les autres. La peste et la famine signalèrent encore ce règne malencontreux, traité cependant de brillant par certains historiens. A la vérité, nous savons tous que la parole a été donnée à l'homme pour déguiser sa pensée, et que la parole écrite ne diffère de sa sœur aînée que par un trait de plume et une goutte d'encre.

Jean II, âgé de vingt mois, succéda à son père. Un auteur du siècle dernier raconte naïvement que ce prince fut moins *grand* au commencement de son règne que par la suite... Si don Alphonse le Sage se fût trouvé par là, il n'eût pas manqué, à ce candide aveu, de faire un calembour. Ce monarque, dont la minorité ne donna pas lieu à des scandales de la nature de ceux qu'avaient marqués les précédentes tutelles, fit beaucoup pour la richesse, la puissance et le bonheur de Séville. On peut même dire que c'est à cette époque que la *reine de l'Andalousie* atteignit son apogée industrielle, commerciale et maritime.

Jean II acheva en 1454 une vie trois fois bien remplie, et laissa la couronne à son fils, don Enrique IV, qui dut, à onze ans de là, la disputer à l'infant don Alonso, auquel on avait su faire un parti dans la noblesse, bien qu'il ne fût encore qu'un enfant. Prince disgracié, sans honneur, sans vertu, sans talent, l'héritier de Jean II ne laissa qu'une mémoire détestée, et l'Espagne applaudit avec bonheur à l'avénement de sa sœur doña Isabelle la Catholique, dont le mari, Ferdinand V, était roi d'Aragon, et vint plus tard à Séville en qualité de gouverneur et administrateur perpétuel.

C'est pendant le seizième siècle, ce siècle qui remplit l'Europe de ses dissensions et de ses idées nouvelles, que partirent de Séville ces intrépides navigateurs qui allaient poursuivre au delà des mers l'œuvre inachevée, mais déjà immortelle, de Christophe Colomb, de Fernand Cortès et de Pizarre.

Cent ans plus tard, sous Philippe IV, ce roi auquel on reproche d'avoir trop aimé la poésie, une inondation, qui fit croire au retour du déluge universel, vint faire de la *reine de l'Andalousie* une seconde Venise.

Ce fléau fut suivi d'une épidémie terrible, ce qui prouve que l'ayuntamiento d'alors ne se préoccupait guère plus des mesures hygiéniques à prendre en pareil cas que celle de nos jours. Et cependant, à cette époque-là, il n'y avait encore en Espagne ni Espartero, ni O'Donnell, ni Concha, ni... nous nous arrêtons. Ceci est de la politique, et nous aimons trop le lecteur pour l'affliger de cette infirmité, qui, pour n'être pas née sur les bords du Gange, comme le choléra, n'en est pas moins l'épidémie la plus redoutable de ces temps-ci.

Un siècle s'écoula encore, et cette fois ce fut la triple

alliance de la France, de l'Angleterre et de la Hollande qui signa dans Séville la paix avec l'Espagne. En 1808, la junte révolutionnaire s'y installa, et en 1810 le maréchal Soult y entra à la tête d'une armée française. Enfin Séville se trouve mêlée à tous les événements de sa grandeur ou de sa décadence. Succès ou défaites, triomphes ou deuils de la Péninsule, son histoire, c'est celle de l'Espagne, dont elle fut longtemps la capitale, et s'étonne encore d'avoir pu cesser de l'être, pour nous servir de l'expression de M. Antoine de Latour, dans son excellent ouvrage sur l'Andalousie.

Saint Ferdinand, Jean II, Ferdinand VII et sa fille, donnèrent à Séville quatre surnoms qui résument pour ainsi dire toutes ses gloires.

Le premier l'appela *très-noble,* le second *très-loyale,* le troisième *l'héroïque,* et la quatrième *l'invincible.* C'est donc de la *très-noble, très-loyale, héroïque* et *invincible* Séville que nous allons parler[1].

[1] Pour aller au-devant du reproche d'inexactitude qui pourrait peut-être nous être adressé au sujet de certains faits relatés dans ce rapide précis historique, et qui ne nous ont pas toujours paru à nous-même devoir être érigés en articles de foi, nous dirons franchement que, quant au fond, ce chapitre est entièrement l'œuvre des auteurs espagnols qui ont écrit sur Séville, et point la nôtre. A eux donc la responsabilité des erreurs qu'ils auraient pu nous faire commettre, mais qui sont d'ailleurs tout à fait insignifiantes dans une étude artistique, anecdotique et humoristique qui n'a aucune prétention à l'histoire.

II.

ARRIVÉE A SÉVILLE.

A principio principiendum est. — Il n'y a guère que l'amour qui ait un commencement et une fin. — Arrivée à Séville par le Guadalquivir. — Départ de Cadix. — Le surnom donné à cette ville. — Rota. — Le cap Chipiona. — Le phare phénicien. — Embouchure du Wada-el-Kébir ou Wada-el-Adhem des Maures. — Effet pittoresque produit par la petite ville de San Lucar de Barrameda. — C'est là que s'embarqua Magellan, mettant à la voile pour son premier voyage autour du monde. — Le palais d'été du duc de Montpensier. — Bonanza. — La vérité sur les bords enchanteurs du Guadalquivir. — L'algaïda. — Trop de jaune. — La marisma. — Contraste entre la maigreur des hommes et la rotondité des bestiaux. — Coria. — San Juan de Aznalfarache. — Spectacle féerique. — Le lecteur met pied à terre. — Il passe sous la porte de Triana et s'arrête à la Fonda de Paris.

Cicéron, qui s'y connaissait, a dit qu'il fallait commencer par le commencement. Le fait est que c'est une bonne manière, bien que ce soit à peu près la seule, et nous la suivrons. Mais quel est le véritable *commencement* de Séville et de toutes choses? Peut-on le dire d'une façon précise, et ce qu'on appelle ainsi n'est-il pas une simple subtilité de forme inventée par les rhéteurs?

Pour notre part, nous ne connaissons guère que l'amour qui ait vraiment un *commencement* et une *fin ;* quelquefois il y a aussi un *milieu,* mais c'est rare. En bonne logique, on peut donc affirmer hardiment que lorsqu'on commence un récit ou un discours, et quel que soit le point par lequel on les prenne, c'est toujours par le commencement qu'on les commence. Par conséquent, si vous le voulez bien, nous arriverons à Séville par le Guadalquivir, et la porte de Triana nous conduira aussi bien dans l'antique cité des rois que la porte de Carmone.

Un bateau à vapeur dessert à peu près chaque jour la ligne de Cadix à la capitale de l'Andalousie. C'est généralement par cette première ville, vu le déplorable état des routes, ou, pour être plus vrai, vu leur absence totale, que l'on entre en Andalousie. Cadix, quoique l'une des plus anciennes villes d'Espagne, a tout à fait l'aspect d'une cité moderne ; elle est régulièrement bâtie, ses rues sont propres et bien pavées, elle est parfaitement éclairée, et sa physionomie est charmante. Les Espagnols l'appellent la *Coupe d'argent* de l'Océan, et elle mérite de tous points ce poétique surnom. Elle fut fondée 347 ans avant Rome et 1100 ans avant Jésus-Christ par les Phéniciens, qui la baptisèrent *Gaddir,* dont les Romains firent Gadès, et d'où dérivent de nos jours *Gaditana,* qui lui est aussi resté, et *gatidanos,* qu'on applique à ses habitants. La fondation de Constantinople porta un coup mortel à sa prospérité ; puis vinrent les Goths, qui achevèrent sa ruine, et lorsqu'en 1262 don Alphonse le

Sage l'arracha aux Maures, Urbain IV mettait presque en doute son existence.

On quitte généralement Cadix à huit heures du matin; on traverse la baie, qui est magnifique; on passe devant Rota; on double le cap Chipiona, sur lequel s'élevait jadis le grand phare phénicien, appelé ***Cap Eou,*** rocher du soleil, et deux heures après être parti, on entre dans le Guadalquivir (le ***Wada-el-Kebir*** ou ***Wada-el-Adhem*** des Maures), dont l'embouchure est des plus pittoresques. D'un côté, une étroite langue de terre boisée, à fleur d'eau, et qui nous a rappelé les îles basses de l'archipel des Navigateurs, s'étend au loin; de l'autre, s'élève, au milieu d'un bouquet d'arbres, San-Lucar de Barrameda, la *Lucifera Fanum,* où s'embarqua Magellan en 1519 pour accomplir son premier voyage autour du monde. En face se déroule la plaine immense, et derrière miroite l'Océan!

Dans ce simple tableau que l'on aperçoit du pont du steamer, il y a tout un monde de merveilles. Beaucoup de gens n'y voient rien. Tant pis pour eux. Ce que San-Lucar de Barrameda a de mieux, c'est le peu qu'on en distingue. Sa vieille église, son ancien hôpital anglais de Saint-Georges, et ses maisons blanchies à la chaux vive, font de loin un excellent effet. De près, c'est plus pauvre et plus dévasté que le manteau de don César de Bazan.

Le duc de Montpensier y a cependant fait arranger

un joli petit palais d'été, qu'il habite trois mois de l'année avec sa gracieuse femme, l'infante doña Louisa Fernanda et ses quatre enfants. Pour les habitants de San-Lucar, auxquels cela amène chaque été un grand nombre de nobles visiteurs, c'est beaucoup!

L'embarcadère des bateaux à vapeur est maintenant à *Bonanza*, ancien ermitage élevé à un quart de lieue en remontant le fleuve par la compagnie de l'Amérique du Sud. En quelques tours de roues on dépasse le premier coude fait par le Guadalquivir, dont le cours est si capricieux, et le spectacle change du tout au tout. Le pays s'appelle *Algaïda*, de l'arabe qui signifie *désert abandonné*, et jamais pléonasme ne fut mieux justifié. Quelques petits monticules sablonneux çà et là couverts de buissons, de maigres sapins et de rares touffes de vignes sauvages, dominent un sol plat et marécageux, également favorable aux oiseaux de proie, aux contrebandiers et aux voleurs.

Nous avons promis de dire la vérité, la vraie, et nous tiendrons religieusement notre promesse. Tout à l'heure nous avons admiré franchement un point de vue que beaucoup laissent passer inaperçu; qu'on nous permette à présent d'être aussi sincère. Les romanciers de toutes les écoles et de toutes les époques ont doté les rives du Guadalquivir de beautés purement imaginaires. Le fleuve promène mollement ses eaux jaunâtres sur un sol jaune, au milieu d'une campagne jaune, où l'on n'aperçoit que des taureaux et des hommes jaunes. C'est évidemment trop de jaune, quel que soit le goût que l'on puisse avoir pour cette couleur.

Indépendamment de ce que ce n'est pas beau, c'est malsain. Il règne perpétuellement, dans la *marisma*, des maladies de langueur et des fièvres. Ces plaines, si propices au bétail, sont fatales à l'homme; les paysans y ressemblent à ceux des marais Pontins, et leur maigreur contraste péniblement avec la rotondité de leurs bestiaux. A la vérité, il y a une courte époque de l'année où les rôles sont intervertis. A la fin de l'été, quand le soleil a eu pompé toute l'eau et brûlé toutes les herbes de l'immense plaine, l'homme renaît et le bœuf dépérit; aussi les gros propriétaires ne sont-ils contents que lorsque leurs métayers ont repris leur physionomie de vieux parchemins.

Les bateaux à vapeur atteignent rapidement *Coria*, très-ancienne ville, aujourd'hui insignifiante et jadis très-renommée, sous les Romains, pour ses tuileries et ses poteries. Moins de quatre heures après avoir laissé *Bonanza* par la hanche de tribord, on commence à apercevoir la *Giralda*, qui annonce que l'on n'est plus qu'à quelques lieues de Séville. Bientôt on passe sous le château mauresque de *San-Juan de Aznalfarache*, puis on incline brusquement à droite, on longe pendant cinq minutes une haie d'arbustes qui forme rideau... et la toile se lève brusquement sur Séville.

En ce moment, il n'est pas encore quatre heures, le ciel est d'un bleu vif et pur, le soleil jette sur tous les toits et sur tous les dômes ses paillettes dorées, semblables à une pluie d'étoiles, et nous ne savons rien au monde, nous qui en avons fait le tour, de plus grandiose et de plus coquet, de plus beau et de plus joli, de plus imposant et de plus gracieux, de plus poétique et de plus chatoyant, de plus rempli de sourires et de rêveries, que le spectacle féerique qui s'offre alors au voyageur, d'abord surpris, puis émerveillé. Il est bien entendu que je ne parle pas ici du voyageur qui voyage comme sa malle, mais du voyageur qui voyage avec quelque chose dans la tête et dans le cœur, du voyageur qui ne se contente pas de regarder, mais qui voit.

A droite s'étend la ville avec ses maisons blanches, ses toits qui miroitent, ses dômes, ses coupoles, ses clochers, ses tours, et toutes ses richesses artistiques que les yeux dévorent déjà à distance, mais qui, à côté de ce géant au front de granit qu'on appelle la Cathédrale, ressemblent à des jouets d'enfants disséminés devant la porte d'une maison. Si rien n'est comparable à la beauté de ce véritable feu d'artifice en pierre, qui va s'éteindre dans le ciel, rien ne saurait rendre l'impression qu'en fait éprouver la vue. On croit rêver tout éveillé, et l'on se frotte les yeux pour bien se convaincre que ce n'est pas dans sa propre imagination que l'on voit cette admirable basilique, mais sur le fond transparent de la voûte azurée.

Un immense parterre d'orangers borde la rivière; plus loin, à l'extrémité d'une promenade ombreuse, s'élève la *Tour de l'Or,* aux capricieuses dentelures mauresques; plus loin encore, l'élégante petite église de la Charité, qui montre timidement un coin de sa façade, et cache le reste sous les arbres, ainsi qu'une Sévillane cache la moitié de ses traits sous sa mantille. En face, se pose hardiment le pont à grandes arches, construit dernièrement par un ingénieur français, et dont le Guadalquivir baigne amoureusement les pieds. Au-dessous de ce pont, et rangés sur deux files, une forêt de mâts laisse apercevoir leur gréement fraîchement galipoté et leurs voiles déployées au soleil, ainsi que des convalescentes que l'on aurait assises sur le seuil de la maison pour se réchauffer aux rayons du dieu de la lumière et de la chaleur; à gauche, la vue se repose doucement sur le faubourg de *Triana,* qui est à lui seul toute une ville, et dont l'ancien couvent et la vieille église ont des teintes d'une douceur et d'un charme infinis. Enfin, une colline presque toujours verte termine la scène au nord, tandis qu'un bouquet de sycomores et une riante prairie la ferment au midi.

Telle est la toile féerique que l'on a sous les yeux! Raphaël et Murillo, malgré tout leur génie, n'ont jamais rien fait de pareil. C'est que la distance de Dieu à

2.

l'homme est incommensurable! Un rayon de soleil est plus grand peintre que les plus grands peintres du monde; le ruisseau qui murmure chante mieux que les meilleurs poëtes; l'orage qui gronde renferme plus d'harmonie que la plus sublime symphonie.

Revenons à Séville. Chacun des trois steamers qui desservent à tour de rôle le Guadalquivir a son débarcadère particulier; ces débarcadères sont pratiqués entre le *palais San-Telmo* et la *Tour de l'Or,* sous un berceau d'arbres poussés là on ne sait comment. Dès l'arrivée des bateaux, les choses se passent comme dans tous les pays civilisés du monde, c'est-à-dire qu'une horde de sauvages se rue sur les malles, sacs de nuit, cartons à chapeau, et que le voyageur a bien de la chance s'il ne voit pas quelques-uns de ces précieux objets s'éparpiller dans deux ou trois *fondas* différentes, tandis que lui-même se dirige vers une quatrième.

Si l'on met sain et sauf le pied sur la berge, on est bien vite dédommagé, car on a devant soi le délicieux coup d'œil du *paseo de Cristina,* et cet aperçu du paradis terrestre vous fait souvent oublier que vous arrivez de quelque part et que vous allez ailleurs. Toutefois, procédons par ordre, pour être agréable à Cicéron.

Les promenades sont à une ville ce que le dessert est à un dîner. Commençons d'abord par les pièces de résistance, puis nous passerons aux friandises. Pour première entrée — que les mânes de don Alphonse le

Sage nous le pardonnent! — prenons donc la *porte de Triana!* Dans ce court trajet, on passe successivement devant la douane, la Tour de l'Or, l'église de la Charité, l'arsenal d'artillerie, el *Triunfo* et l'ex-couvent del *Populo*, tous monuments sur lesquels nous reviendrons plus tard en détail.

Des quinze portes de Séville, celle de *Triana* (ainsi appelée parce qu'elle ouvre immédiatement sur le faubourg de ce nom) est incontestablement la plus remarquable et la plus digne d'intérêt à tous égards. Elle a deux façades appuyées l'une sur l'autre, et donnant la première sur la ville, la seconde sur l'avenue qui conduit au pont. Chacune de ses deux façades se compose d'un arc entre deux hautes colonnes doriques cannelées, supportant la frise et l'architrave que surmonte un large triangle, dominé à son tour par quatre jolies pyramides. Un balcon circulaire, des fenêtres pratiquées dans l'épaisseur de la construction et quelques peintures modernes, en détruisant un peu la pureté du style primitif, ajoutent cependant à l'originalité de cette porte, commencée en 1585, et attribuée avec raison, croyons-nous, au célèbre *Juan de Herrera*. Un immense soleil, peint en relief sur le frontispice, et cette teinte rosée, tirant sur le jaune pâle, qui va si bien aux monuments de l'Andalousie, se prêtent vers la fin du jour à des effets de lumière d'une transparence délicieuse. On dirait des tons jetés du ciel par le génie du *beau!*

A la porte de Triana succèdent les rues de San-Pablo y de Murillo qui aboutissent à la place de la Madeleine. A l'angle de cette place et de la rue de la Muela s'élève la ***Fonda de Paris***, le premier, le seul hôtel véritable de Séville, et comme nous supposons que c'est là que descendra le lecteur, nous en profitons pour faire une halte, et boire un grand verre d'eau sur le pittoresque établi de l'aguador. Se nourrir de soleil, boire de l'eau et dormir à la belle étoile, voilà en trois mots la vie du flâneur sévillanais. Or, nous sommes à Séville.

III.

LA CATHÉDRALE.

A tout seigneur, tout honneur. — La cathédrale. — Son origine. — Son histoire. — Santa Maria de la Sede. — Points de ressemblance entre la cathédrale de Séville et la tour de Babel. — L'auteur n'est pas de l'avis des savants. — Caractères de la cathédrale. — L'impression qu'elle produit. — Ses neuf portes. — La sculpture au seizième siècle à Séville. — Le maître-autel. — Le retable. — Les tables alphonsines. — Les trois grilles. — Injustice et ingratitude de Séville à l'égard de Murillo. — Anecdote empruntée à l'ouvrage de M. de Latour. — Ce que dit la chanson. — Il y avait une fois un roi et une reine. — Louis-Philippe. — Sa passion pour les tableaux. — M. Taylor. — Dialogue entre le roi et le baron. — Départ de Paris. — Arrivée à Séville. — Visite au barbier Figaro et au père Cepero. — L'*Ecce Homo* de Murillo. — A ruse diplomatique ruse de chanoine. — Les cadeaux du roi. — La reconnaissance du chapitre.

A tout seigneur, tout honneur! Avant de parler du palais des rois, parlons du palais de Dieu; avant d'entrer à l'Alcazar, entrons dans la cathédrale. Ce splendide et célèbre édifice, qui à lui tout seul a l'air d'une ville sainte, et dont les proportions sont aussi gracieuses que colossales, a, comme la plupart des autres monuments remarquables de Séville, une origine mauresque.

C'est Abu-Jusuf-Jacube, l'un des plus grands constructeurs, non-seulement de son siècle, mais de tous les siècles, et auquel Séville doit déjà son ancien pont de bateaux et la majeure partie des murailles qu'elle attribue si bénévolement à Jules César, c'est Abu-Jusuf-Jacube, disons-nous, qui fit construire, sur le plan de celle de Cordoue, la magnifique mosquée transformée aujourd'hui en cathédrale.

— Transformée? — se récriera plus d'un savant scandalisé; apprenez qu'on n'a jamais adoré les faux dieux dans la sainte église métropolitaine de Séville, que sa construction fut décidée près de deux siècles après l'expulsion des Maures, que sa première pierre fut posée en 1403, et que de tout ceci il reste des preuves irréfragables dans les archives du chapitre de ladite église.

Tâchons cependant de reprendre notre phrase ainsi interrompue et de nous expliquer. Lorsque saint Ferdinand entra à Séville en 1248, la mosquée existait, elle était d'un style très-pur, et avait de vastes proportions. L'archevêque de Tolède la consacra au culte catholique, sous l'invocation de *Santa Maria de la Sede,* et on y di aussitôt la messe. Plus tard, il est vrai, sous Alphonse X, on y fit quelques modifications, et enfin le 8 juillet 1401, le sacré chapitre s'assembla pour délibérer sur la nécessité d'une réédification complète, réédification motivée par l'état de délabrement auquel de nombreux tremblements de terre avaient réduit l'ancienne mosquée. En conséquence, il fut décidé qu'on élèverait une cathédrale telle que nulle autre ne pût lui être comparée. Quelques auteurs prétendent même que les dignes chanoines poussèrent l'exagération de leur orgueil jusqu'à vouloir que les siècles futurs les traîtassent de *fous* pour avoir osé entreprendre une œuvre aussi gigantesque!

Ceci ressemble beaucoup à l'histoire de la tour de Babel, et il y a plusieurs moyens de chercher à escalader le ciel. Cette puissance d'initiative, cette noble confiance dans le génie de l'homme, que l'on aime à retrouver ailleurs, vont peut-être moins bien sous le camail du prélat. Le prêtre, comme la religion, doivent être simples pour plaire, et leur vraie grandeur est dans leur humilité.

A la vérité, autre temps, autres mœurs, et si les chanoines de Séville avaient pensé comme nous, il ne nous serait pas donné de nous extasier devant l'immensité de leur œuvre. Constatons bien ce point seulement, c'est que la cathédrale actuelle a évidemment emprunté beaucoup de choses (et des meilleures) à l'ancienne mosquée. Nous croyons même que les premiers architectes, restés inconnus, ne firent que copier ou tout au moins s'inspirer de l'édifice mauresque, et que le plan en a été en grande partie suivi. Cette circonstance expliquerait l'ignorance dans laquelle on est à cet égard, et qui n'est guère admissible autrement; à l'appui de notre opinion nous invoquerons le respect avec lequel on a conservé la Giralda, sa position et les liens mystérieux qui semblent exister entre son style et celui modifié de l'église.

Sans doute, l'édifice chrétien forme la croix latine et appartient au genre gothique... mais est-ce le gothique pur? Les arceaux et les colonnes ne sont-ils pas bien surchargés de ces ornements qu'affectionnaient si particulièrement les Maures, et dont nous trouvons tant de traces dans les monuments qu'ils ont laissés à Grenade, à Cordoue et à Séville même? N'y a-t-il pas, dans tout l'ensemble, ce cachet, cette couleur, cette harmonie, si nous pouvons nous exprimer ainsi, qui distinguaient les constructions mauresques du douzième siècle?

Nous avons l'air de dire une folie, et cependant, en se donnant la peine d'y réfléchir un peu, on se convaincra que ce n'est pas aussi insensé que cela paraît tout d'abord. Le gothique n'est certainement pas le mauresque; mais le style de la renaissance, mais le genre moderne, produits hybrides d'une érudition morte et d'un éclectisme banal, ne le sont pas davantage, et pourtant Séville est pleine d'édifices de la renaissance et de constructions modernes, qui les uns comme les autres portent au plus haut degré le cachet mauresque.

— C'est tout bonnement impossible! dira-t-on. — Pourquoi impossible? n'avez-vous jamais vu de tragédiennes drapées à la grecque avoir le type lorette, et de forts jolies Parisiennes ressembler sous leurs petits chapeaux à des statues de l'antiquité? Les monuments ont leur physionomie aussi bien que les femmes. La seule différence qu'il y ait entre elles, c'est que l'une trompe moins que l'autre.

La digression à laquelle nous venons de nous livrer n'empêche nullement l'architecte inconnu qui a réédifié la cathédrale de Séville d'avoir été un homme de génie. Son œuvre, quel que soit le point de vue sous lequel on l'envisage, le proclame hardiment.

Ainsi que nous l'avons déjà dit, la forme de l'édifice est une croix latine, ayant 398 pieds de long sur 291 de large; on y compte sept ailes, y compris les deux latérales, converties en chapelles. La nef centrale est immense; un vaisseau à trois ponts s'y promènerait à l'aise, toutes voiles déployées. Mais ce qui est encore plus immense, c'est le champ sans limite ouvert à la pensée par le spectacle de cette grandeur! L'homme se voit si petit dans cette gigantesque basilique, qu'il lui semble qu'il se trouve seul dans un monde nouveau et désert! Bien qu'il y ait 93 fenêtres, dont quelques-unes d'une hauteur prodigieuse, c'est à peine s'il fait jour sous ces voûtes grandes comme l'éternité, et comme elle infinies! L'espèce de lueur vague et incertaine qui pénètre à travers les vitraux ajoute encore au recueillement, à la profondeur et au mystère de ce lieu, qui parle à la fois au cœur et à l'imagination, à l'âme et aux sens.

Dans ce qu'on éprouve sous ces arceaux dont le faîte vous échappe, il y a de la terreur, du saisissement, de l'admiration, de la ferveur, de la poésie et du recueillement, c'est-à-dire de tous les sentiments humains, inspirés par la vue de ce sublime rêve réalisé qui tient de tous les génies, et qui touche à tout, même à Dieu! La cathédrale de Séville ne ressemble à aucun des autres édifices de ce genre. Notre-Dame de Paris est plus pure, plus finie; Saint-Pierre de Rome est plus vaste; Saint-Marc à Venise est plus riche; la basilique de Cologne est plus majestueuse... et cependant ni Notre-Dame de Paris, ni Saint-Pierre de Rome, ni Saint-Marc à Venise, ni la basilique de Cologne ne font éprouver ce que fait éprouver la cathédrale de Séville. C'est comme une immense symphonie en pierre. Cela vous arrache à la terre, cela vous enlève, cela vous porte aux nues. Vous admirez Mozart, Weber, Gluck, Méhul, Grétry, Boïeldieu, Rossini, Auber, Bellini, Meyerbeer; mais seul, Beethoven sait vous ouvrir les portes du ciel. Il y a du Beethoven dans la cathédrale de Séville. Pour nous, cela dit tout et cela résume ce gigantesque chef-d'œuvre.

De l'ensemble, qui ne pourrait pas plus se décrire qu'on ne décrit un rayon de soleil, passons aux détails. Ils sont multiples, infinis! nous ne saurions leur donner une place à tous; nous nous occuperons des principaux. Disons d'abord que neuf grandes portes ouvrent leurs vastes battants aux fidèles. De ces neuf portes, deux sont situées au levant, trois au couchant, une au midi et trois au nord. Quatre seulement sont finies et représentent en relief, une *Naissance de Jésus*, un *Baptême du Seigneur dans le Jourdain*, une *Entrée de Jésus-Christ à Jérusalem* et une *Adoration des Mages*, qui en donnant une idée du degré de perfection qu'avait atteint à Séville la sculpture au seizième siècle, font regretter d'autant plus vivement que les autres portes soient restées inachevées.

Le maître-autel, ainsi que c'est l'usage dans toutes les églises gothiques d'Italie et d'Espagne, se dresse au fond d'une vaste chapelle, plus élevée que le reste de l'église et placée au centre de la grande nef du milieu. Dix gradins en marbre noir et blanc, et qui tiennent toute la largeur de la nef, conduisent à cet autel, l'un des plus riches et des plus merveilleux qui existent.

Le retable, en bois de mélèze et d'une pureté de style gothique remarquable, est le meilleur que l'on puisse trouver en Espagne et partout. Il se divise en trente-six compartiments, dont les sculptures représentent des sujets sacrés, empruntés à l'Ancien et au Nouveau Testament, ainsi qu'à la vie de la Vierge. Le plan en fut dressé en 1482 par Dancart, qui y consacra dix ans de sa vie, et mourut en 1492, laissant son œuvre inachevée. *Marco*, son disciple, *Bernado de Ortega* et plusieurs autres artistes célèbres, parmi lesquels *Fernandez Aleman*, prirent part à ce magnifique travail, qui ne demanda pas moins de 68 ans. Les *tables Alphonsines*, qu'on place sur l'autel pendant le saint sacrifice, contiennent des reliques recueillies et offertes par *Alphonse le Sage*. Le porte-missel en argent massif ainsi que tous les autres ornements du même métal sont de *Francisco Alfaro*. Nous n'en dirons rien de plus, sinon qu'à une richesse excessive ils joignent une véritable valeur artistique.

Le *respaldo de la Capilla Mayor*, ou mur d'appui du retable, fut exécuté en 1352 et années suivantes par *Gonzalvo de Rojas*. Le style gothique en est admirable. Seul, il donnerait du prix à cette chapelle, dont il n'est cependant qu'une beauté secondaire.

Les trois immenses grilles dorées, derrière lesquelles s'abrite le sanctuaire, appartiennent au genre *plateresco*, si commun dans la Péninsule. Nous n'aimons pas ce genre, qui rappelle trop le goût espagnol. Cependant il serait injuste de ne pas reconnaître à ces portes (et surtout à celle du milieu, œuvre de *Francisco de Salamanca*), un certain mérite relatif, quand ce ne serait que celui de la *grandeur*, qu'elles partagent avec le reste de la cathédrale, dont il constitue le véritable caractère.

Entre autres choses remarquables, on admire encore dans la *Capilla Mayor* trois tableaux dans le style mi-byzantin, de *Alejo Fernandez*, fondateur de l'école de Cordoue. Ce sont la *Conception*, la *Nativité* et la *Purifi-*

cation. On y voyait également autrefois deux magnifiques *Murillo*, aujourd'hui à Paris, le *Repos en Égypte* et la *Nativité de la Vierge.*

Et puisque nous venons de prononcer le nom de ce grand peintre (auquel Séville n'a pas encore élevé le plus modeste monument!!!), c'est le cas de glisser ici une petite anecdote que nous empruntons à M. Antoine de Latour, admirablement placé pour en avoir appris tous les détails. Nous ne lui emprunterons ni son esprit ni son style charmant, car en ce cas l'emprunt deviendrait un vol, et d'ailleurs, comme dit la chanson de notre brave ami Duvernoy :

Très-souvent, cela s'est vu,
On a voulu, on n'a pas pu.

Donc, il y avait en ce temps-là, dans un coin de la cathédrale de Séville — heureux temps! — un *Ecce homo* de *Murillo.* Il y avait aussi à Paris un roi qu'on appelait *Louis-Philippe.* Ce roi aimait les belles églises et les beaux tableaux. Parfois, il est vrai, il aimait les mauvais... ce qui prouve que nul n'est parfait en ce bas monde. Le jour dont il s'agit, le vieux roi eut un caprice.

— Qu'on me fasse venir Taylor, — dit-il rapidement.

Un quart d'heure après, un monsieur régulièrement vêtu descendait de l'omnibus sur la place du Carrousel, et se dirigeait vers le palais des Tuileries. C'était le baron *Taylor!* Le baron *Taylor* est très-connu par une foule de bonnes œuvres dont nous épargnerons le récit à sa modestie, par sa présidence de l'*association des artistes dramatiques,* etc., etc., et par son esprit aussi vif que fin. Malgré ses caoutchoucs et son parapluie, il fut introduit aussi facilement auprès du *roi-bourgeois,* comme on disait alors, que s'il eût été chamarré d'or de la tête aux pieds comme un suisse de bonne maison.

C'est que Louis-Philippe, qui se connaissait en hommes (surtout alors), appréciait et affectionnait particulièrement le baron Taylor.

— *My dear,* — lui dit-il familièrement, — il faut que vous me fassiez un plaisir.

— Sire, *á la disposicion de V.,* — répliqua le baron en s'inclinant. —

— Fort bien, — reprit le roi avec un sourire fin, — je vois que vous connaissez l'espagnol... C'est justement mon affaire.

— Sire, permettez... je l'ai appris au collége... il y a longtemps... et...

— Et vous ne le parlez pas tout à fait aussi bien que feu Cervantes?... n'importe, avec la phrase que vous venez de me débiter, vous en savez assez pour traverser toute l'Espagne; or il s'agit précisément d'aller à Séville.

— A Séville? — s'écria involontairement le baron Taylor, qui entrevoyait toutes les fondrières, toutes les tasses de chocolat, toutes les *posadas,* tous les renfoncements et autres agréments du même genre qu'il aurait à essuyer de Bayonne à la capitale de l'Andalousie.

— C'est un peu loin, je l'avoue, — continua plaisamment le roi, — mais en vous faisant saigner deux ou trois fois en route, vous arriverez sans autre événement fâcheux. Une fois arrivé, vous vous mettrez au lit, vous vous ferez appliquer vingt-cinq sangsues, vous boirez de la limonade, vous ferez diète, et trois jours après il n'y paraîtra plus...

— Est-ce que c'est indispensable, Sire?

— Quoi, le voyage?

— Non, le reste.

— Absolument. C'est la seule manière de voyager en Espagne.

— Je comprends alors qu'on y voyage si peu.

— Parlons sérieusement, baron. Séville est la ville des arts par excellence. Sa plus petite chapelle est plus riche que notre plus grande église, et il y a là des trésors à rendre jaloux tous les rois de la terre. Ce matin, en regardant la pluie fouetter tristement les toits de mon palais, il m'est venu un désir subit et ardent, le désir de posséder une vraie toile du vrai peintre de ce vrai pays du soleil et de la lumière qu'on appelle l'Andalousie.

— Je comprends, Sire, il vous faut un Murillo!

— C'est cela, un Murillo qui soit à moi et pas à tout le monde, un Murillo que je puisse garder dans ma chambre et contempler tout à mon aise, un Murillo qui fasse du moins dire un jour à mes ennemis que j'avais le goût des bonnes et belles choses.

Le résultat de cette conversation fut que, dix jours après, le baron Taylor arrivait à Séville, un peu poudreux, un peu moulu, un peu affamé, mais enfin sans avoir besoin de recourir aux moyens que lui avait indiqués le roi.

Une fois reposé, et après s'être fait raser, place Saint-Thomas, chez le successeur du célèbre Figaro que Beaumarchais a popularisé en France et dans le reste de l'Europe, le baron Taylor se rendit chez le doyen du chapitre, le père Cepero, qui en 1843 avait organisé la défense de Séville contre Espartero, et possède l'une des plus belles galeries particulières de la ville. On vit nécessairement beaucoup de tableaux, et surtout on en parla davantage.

— Eh mais, — s'écria tout à coup le prétendu défenseur de Séville, — vous avez à Paris de magnifiques choses, et votre roi, notamment, en a le goût...

— Il est vrai que le Louvre est assez riche, — avoua modestement le baron Taylor, — et que Versailles n'est pas trop mal... cependant...

— Cependant quoi ? — dit le doyen en arrêtant sur son interlocuteur ce regard double qui est si familier aux diplomates, et qui signifie à la fois tout et rien.

— Dame, — reprit le baron d'un air bonhomme, — je m'en vais être franc avec vous...

Le prêtre se méfia.

— Le roi m'a envoyé à Séville pour y faire l'acquisition d'un Velasquez.

— Ah!

— Mais je voudrais lui faire une surprise... mettre à l'épreuve son excellent jugement et lui présenter...

— Un *Alonzo Cano?* — interrompit le père Cepero.

— Non, un *Murillo.*

— Vous dites ?

Le baron Taylor répéta :

— Un Murillo !

— Parfaitement ! Eh bien, mon cher monsieur, vous pouvez écrire au roi qu'il lui serait plus facile de faire de l'Europe une colonie française que d'obtenir un *Murillo*... un vrai, j'entends... c'est-à-dire un Murillo du musée ou de la cathédrale.

— Vous n'aimez donc plus Louis-Philippe?

— Au contraire, je l'admire... seulement, cela ne m'empêche pas de vous répondre catégoriquement qu'il n'y a pas de *Murillo* pour lui dans la cathédrale.

— Bah ! quand on s'appelle le père Cepero et qu'on a braqué les canons de Séville contre l'armée d'Espartero, on a fait, m'est avis, quelque chose de bien autrement fort que de trouver un pauvre petit *Murillo* parmi les toiles oubliées de la cathédrale.

— Petit *Murillo!*... oublié!... vous en parlez bien à votre aise ! fit le prêtre.

3.

Néanmoins, au souvenir de sa résistance contre le soi-disant duc de la Victoire, il avait souri, et quand un homme d'église sourit, il est vaincu.

— Enfin, — reprit-il, — nous y penserons... mais le roi a-t-il adressé au chapitre quelque présent *diplomatique?*

— Assurément.

— A la bonne heure...

— Toutefois, les caisses ne sont pas encore arrivées... les routes sont si mauvaises... vous comprenez?

— Si je comprends? voilà un grand mois que j'attends de Madrid un vêtement neuf qui vient par les galères... *¡cosas de España!* mon cher monsieur, *¡cosas de España!*

Le fait est que, dans sa précipitation, le vieux roi n'avait rien envoyé du tout.

Mais le baron Taylor écrivit à Paris, et, par le retour du courrier, le chapitre de la cathédrale recevait la collection gravée du Palais-Royal, le grand ouvrage sur l'Égypte, de magnifiques missels, et un beau portrait en pied de Christophe Colomb, attention délicate et de circonstance, la bibliothèque du chapitre étant un legs du fils de l'immortel navigateur. — Ici nous cédons la plume à M. de Latour.

« Voilà, — dit-il, — le chapitre transporté; que fera-t-il? et comment reconnaître de tels dons? C'est où le père Cepero attendait ses confrères. Il laisse d'abord parler les plus pressés. Plusieurs propositions sont faites à la fois, mais aucune n'est adoptée. La parole arrive au doyen, qui la prend d'un air distrait.

» — J'ai ouï raconter, — fit-il, — que le roi aurait grande envie d'un *Murillo* de la cathédrale.

» On se récrie tout d'une voix.

» — Qui oserait, — reprend le père Cepero plus indigné que les autres, — qui oserait proposer pareille chose? Assurément ce n'est pas moi!

» Il se fit un moment de silence; puis, comme se ravisant, le doyen ajouta :

» — Il y a bien là-bas, dans cette petite chapelle, et à côté de Notre-Dame del Pilar, un *Ecce homo* qui ne figure pas sur l'autel...

» Et il leva la séance sans dire un mot de plus, mais le dernier qu'il venait de prononcer ne devait pas être perdu, et quelques jours plus tard l'*Ecce homo* était remis au baron Taylor, qui l'adressait au roi comme un gage de la reconnaissance du chapitre et de l'admiration du père Cepero. Ce tableau est resté dans la famille du roi Louis-Philippe. »

IV.

LE CHOEUR.

La cathédrale (*suite*). — Le chœur. — La silleria — Le facistol. Les orgues. — Leurs proportions gigantesques. — Leur ramage ne ressemble pas à leur plumage. — L'organiste. — Listz et la chronique sévillane. — La Vierge de Montanès. — Christophe Colon. — La tombe de son fils. — La bibliothèque colombine. — Injustice ou aveuglement du sort. — Le bon côté des denrées coloniales. — Le monument. — Le paradis au village. — Contraste. — Le *Miserere*. — Précautions jadis jugées nécessaires et auxquelles on a dû renoncer depuis. — Shocking! — La chapelle royale. — Son style. — La grille. — Statue équestre de saint Ferdinand. — Luis de Ortiz. — Le retable. — Le Père éternel. — Les rois de Castille. — La Vierge des Rois, présent de saint Louis. — La châsse de saint Ferdinand. — Le corps du roi. — Cendres de Doña Béatriz, don Alphonse le Sage et Maria de Padilla. — Spectacle et enseignement. — *Memento, homo, quia pulvis es, et in pulverem reverteris!*

L'espace compris entre le *chœur* et la *Capilla Mayor* est celui qu'occupait autrefois la coupole du grand dôme qui s'écroula. Il n'offre rien de remarquable au point de vue artistique, si ce n'est son excessive hauteur.

Le chœur est entouré de grosses murailles, conformément au style des églises du quinzième siècle, excepté du côté du maître-autel, sur lequel il ouvre par une très-riche grille du genre *platcresco*, et due à *Sancho Muñoz.*

La *silleria* du chœur (les stalles) ne vaut pas celle de la cathédrale de Cordoue ; néanmoins elle est encore fort remarquable, surtout dans sa partie supérieure. Elle est due à *Nuño Sanchez* (1475), à *Dancart* (1479), à *Guitten* (1548), et se compose de cent vingt-sept stalles, y compris le siége archiépiscopal.

Tout près de ce dernier, s'élève le *facistol* (lutrin), parfaitement en harmonie par ses formes colossales et sévères avec le reste de cette partie de l'église. Les deux orgues, qui s'élancent de chaque côté dans les airs, semblables à deux oiseaux gigantesques qui essayeraient leurs ailes, sont magnifiques comme forme, et ont des proportions immenses. Il est malheureux que des ornements de mauvais goût, auxquels on semble tenir beaucoup, — sans doute parce qu'ils sont mauvais, — viennent les déparer.

Ce fut *Jorge Bosch* qui construisit, en 1792, le grand buffet de gauche, lequel a cinq mille trois cents tuyaux, dit-on, car nous avouons ne les avoir pas comptés, et cent touches de plus que celui de Harlem. Malheureusement, le *ramage* de cette puissante machine ne répond pas à son *plumage;* le son en est sourd, embarrassé, rauque... on dirait un troupeau de taureaux qui beuglent. A la vérité, l'organiste n'en est pas de première force ; c'est un excellent homme, j'imagine, mais qui a dû être plus surpris que personne le jour où on l'a assis pour la première fois devant le fameux buffet... Ce qu'il faudrait à ces orgues colossales, c'est une main magistrale et un souffle puissant. Cependant nous préférerions encore à ces cris sonores, le son voilé du petit orgue de l'église de Saint-Thomas à Leipzig, que le vieux Sébastien Bach faisait si merveilleusement vibrer, chanter et pleurer à son gré. Nous préférerions même l'instrument hybride d'*Alexandre*, à la condition de l'entendre jouer par Listz, lequel, par parenthèse, vint à Séville, il y a une douzaine d'années, tout exprès pour essayer les orgues de la cathédrale, et échoua, ajoute la chronique, dans sa tentative de leur faire dire une seule phrase.

En sortant du chœur, il faut examiner ses *respaldos* et la chapelle gréco-romaine de Saint-Augustin, ainsi que la douce et admirable Vierge, sculptée par le Phidias de Séville, *Juan Martinez Montañez*, mort en 1640. Maintenant nous redescendrons un peu, et nous nous approcherons de la porte principale... non pas pour nous en aller, mais pour chercher, à la faveur de la demi-clarté qu'elle laisse pénétrer, une pierre sépulcrale sur laquelle on lit ces mots :

A Castilla y a Leon
nuevo mundo dió Colon.

C'est laconique, mais ça en dit assez, et on sent involontairement quelque chose comme une larme monter du cœur à la paupière, en songeant à la destinée de ce pauvre héros, cendres aujourd'hui, et qui n'a pas même pu attacher son nom à son œuvre. Cependant l'attendrissement doit s'arrêter là, car cette pierre n'est qu'un souvenir. Colon ne repose pas dans la cathédrale de Séville! Nous savons tous qu'il mourut à Valladolid le 8 mai 1506, et que ses restes, d'abord ensevelis à Saint-Domingue, furent transportés à la Havane, où ils tressaillent encore sans doute, dans la tombe, au vent qui vient d'Amérique !

Chateaubriand, — un autre mort illustre, — a partagé l'erreur de plusieurs voyageurs et de quelques auteurs qui ont confondu le fils avec le père (car celui qui repose sous cette large et froide dalle de marbre n'est autre que don Fernando Colon), le lecteur aurait donc bien pu s'y tromper aussi. C'est pourquoi nous le prévenons. Le Colon qui dort dans les profondeurs de la cathédrale de Séville, à une longueur d'église de Saint-Ferdinand, de doña Béatriz, d'Alphonse le Sage et de Maria de Padilla, a été plus heureux que celui qui languit dans l'exil à la Havane. Grand amateur de livres, il a su attacher son nom à sa bibliothèque, tandis que Christophe, qui avait découvert un monde, n'a pas pu lui laisser le sien.

C'est justement au-dessus de la tombe de Colon fils qu'on élève chaque année, pendant la semaine sainte, cette sorte de chapelle ardente qu'on appelle poétiquement chez nous le *paradis*, et dans laquelle on dépose le saint ciboire le jeudi saint.

Hélas! ceci nous rappelle l'heureux temps où nous étions enfant, où nous vivions au village (quel est l'auteur qui n'a pas au moins un petit *village* au service de ses souvenirs de jeunesse?), et où nous pouvions répéter ce vers de Segrais que vous savez. Il y avait alors sur le versant d'un coteau une pauvre église délabrée, ouverte à tous les oiseaux du bon Dieu, et où l'hirondelle faisait son nid à l'ombre de quelque bon vieux tableau. Une croix d'argent, quatre chandeliers de plomb et deux bouquets de fleurs artificielles constituaient tout le luxe du lieu, sanctifié par la prière. On ne brûlait pas d'encens, il n'y avait pas d'orgues, le prêtre ne portait pas de riches habits, mais les muguets, en se mariant à la primevère, envoyaient leurs parfums printaniers; mais une cascade et un rossignol unissaient, à quelques pas de là, leur murmure; mais un jeune chêne laissait entrer par la fenêtre du chœur ses rameaux touffus! Ah! nulle église ne saurait jamais valoir pour nous cette église-là!

Eh bien, quand arrivait la semaine sainte, nous nous répandions tous par le village, les hameaux et la campagne, et nous entrions dans chaque demeure en prononçant ces simples paroles qui nous en ouvraient aussitôt les portes : *Pour le paradis!*

Et à l'envi la ménagère, la jeune paysanne, le père et le fils, et quelquefois aussi l'ancien militaire lui-même, mettaient tout sens dessus dessous pour nous trouver, qui un chandelier d'argent, qui une Madone, qui la belle serviette des dimanches, qui une image de quelque saint, qui un bouquet de fleurs ou une couronne — souvenirs touchants d'un passé respecté ! — qui enfin une simple croix... mais quelle croix ? Cette croix française que tant de héros ont promenée de Rome à Berlin, des pyramides aux Alpes, et qui a essuyé les balles de toute l'Europe !

C'était naïf, d'accord. Cependant le bon Dieu ne s'en fâchait pas... et lorsque arrivait le bienheureux jeudi saint, toutes ces merveilles brillaient de leur éclat modeste dans la petite église. Un soleil en fer blanc, dans lequel se reflétait le quinquet du barbier, quatre colonnes en buis, deux rideaux en percaline rouge fournis par les filles du maire, et des feuilles de roses en guise de tapis sur les marches en bois de l'autel, complétaient la fête.

Il y avait peut-être là quelque chose de plus poétique, de plus religieux et de plus touchant que dans ce splendide *monument* de la cathédrale de Séville, qui a quatre étages, et auquel ont travaillé, à près de cent ans de distance, *Antonio Florentin* et *Manuel de Parrilla.*

La hauteur de ce *momument* est prodigieuse (120 pieds); il réunit les ordres dorique, ionique, corinthien et romain, dans ce qu'ils ont de plus pur chacun ; sa forme est une croix grecque, et son ornementation dépasse en richesse tout ce que l'on peut imaginer... mais cela laisse froid. On a beau dire que le bon Dieu est là, nul ne s'en aperçoit. Devant le *paradis* de notre village, l'on s'agenouillait et l'on priait! devant le *monument* de la cathédrale de Séville, l'on braque son binocle. La curiosité est surexcitée comme à la représentation d'un ballet nouveau, rien de plus. Et c'est triste. L'église devrait rester toujours l'église. Il y a sans elle assez de théâtres de par le monde.

Au surplus, il faut bien le dire, en Espagne, comme en Italie, le culte extérieur est tout; la lettre évangélique n'est rien.

Nous avons vu à six mille lieues de Séville des choses qui ressemblaient beaucoup à ses solennités religieuses... nous ne vous dirons pas leur nom, mais bien certainement toute leur différence est dans ce nom.

Nous ne citerons à l'appui de notre opinion que le célèbre *Miserere* qui se chante le mercredi et le jeudi saints à la cathédrale. Ceux qui y ont assisté nous comprendront à demi-mots; aux autres, nous dirons seulement que les fidèles apportaient des sentiments si pieux à cette cérémonie, qui est cependant un des souvenirs les plus touchants du catholicisme, qu'on fut obligé, il y a quelques années, de séparer les sexes!

— Et qu'advint-il? — demandera une Parisienne curieuse.

— Il advint, madame, que personne ne vint plus... si bien qu'on fut forcé de laisser subsister le scandale.

Et qu'on ne se méprenne pas sur le véritable sens de notre critique. Nous ne voulons pas chercher aux Sévillanais une mauvaise querelle... Non! nous savons aussi bien que qui que ce soit qu'il y a dans la vieille capitale de saint Ferdinand des âmes vraiment chrétiennes, des cœurs vraiment fervents, et nous n'en voudrions pour exemple que ceux de l'infante doña Fernanda, que l'on trouve partout où il y a des larmes à sécher, des consolations à donner et des misères à secourir. Ce que nous venons de dire ici aurait dû trouver sa place ailleurs dans un chapitre spécial sur les mœurs, le caractère, les usages, etc., du pays, mais nous avons prévenu le lecteur, avant de commencer, que nous irions un peu par bonds et par saccades, à tort et à travers.

Derrière le maître-autel de la cathédrale, et lui faisant pour ainsi dire suite, vient la chapelle royale. Elle peut être considérée comme une église paroissiale, ayant son clergé à part. ***Enrique de Egas, Juan de Alava, Martin de Gainza, Fernando Ruiz*** et ***Juan de Madea,*** travaillèrent successivement à sa construction, les premiers par les plans qu'ils fournirent, et les derniers en corrigeant ceux-ci et en les exécutant. Le style extérieur de cette chapelle, qu'on appelle aussi chapelle de Saint Ferdinand et chapelle de la Vierge des Rois, est de la renaissance. Il contraste bizarrement avec celui de la Giralda, qui est mauresque, et avec celui du reste de la cathédrale, qui est gothique-romain, et même, dans une de ses ailes, indien; mais du reste l'effet produit n'a rien de choquant. Il ajoute au contraire un mérite de plus à l'originalité de cet édifice sans égal; à l'intérieur, nous retombons dans le *plateresco.*

L'ouverture du grand arc qui forme l'entrée de la chapelle a l'envergure d'une frégate. La grille monumentale qui la ferme, exécutée à Séville par l'ordre de Charles III, ne compte pas moins de quatre-vingts pieds de hauteur. Elle est surmontée de la statue équestre de saint Ferdinand, entre deux rois maures qui lui offrent à genoux les clefs des portes de la ville; sur la frise se détachent douze statues de grandeur naturelle. Le tout manque de goût, et porte bien le cachet de la période banale du donataire.

La chapelle elle-même n'est pas irréprochable. Si le genre *plateresco,* que nous n'aimons pas, se fait pardonner ici par son luxe obligé, si l'or répandu à profusion s'explique jusqu'à un certain point par le désir de figurer une sorte de vaste dais royal, *Luis de Ortiz* et les autres sculpteurs qui ont travaillé aux ornements purement artistiques ne sauraient alléguer la même excuse.

Le retable est une œuvre bâtarde, sans caractère propre, et où l'on ne trouve pas, à défaut des qualités absentes, cette flexibilité de ciseau qui était cependant propre aux artistes de cette époque et de cette école. Le Père éternel, qui le couronne avec un globe dans la main, manque absolument de style et de grandeur. Les rois de Castille qui figurent dans la voûte sont meilleurs. On prétend que le peintre ***Pedro de Campana*** les dessina tous au charbon sur la pierre pour un ducat chacun. Voilà des rois bien bon marché !

Sur l'autel se voit la ***Vierge des Rois,*** image miraculeuse donnée par saint Louis à son cousin saint Ferdinand. Devant repose le corps de saint Ferdinand, dans une châsse d'argent faite en 1729. Le corps, beaucoup mieux conservé que le cercueil placé auprès, est découvert le 30 mai, le 22 août et le 22 novembre. A ces trois époques solennelles, les troupes assistent en pompe à une grand'messe militaire en mémoire du conquérant de Séville ; à droite du héros est la canne, signe de tout commandement en Espagne ; à gauche l'épée. Le reste de cette chapelle, qui a d'ailleurs un caractère véritablement lugubre, est rempli de cercueils et de cendres royales. Des lampes funéraires veillent sur tous ces grands morts qui ont agité l'Espagne de leurs passions, et qui sont aujourd'hui poussière, comme la poussière qu'ils ont autrefois foulée du pied de leurs chevaux. Quel spectacle et quel enseignement !

On se rappelle avec enthousiasme les conquêtes de saint Ferdinand, et avec attendrissement les tristes amours de la pauvre Maria de Padilla ; on pense aussi à

Alphonse le Sage, et à sa mère doña Béatriz, on les fait revivre, on les voit, on leur parle... Hélas! Et au fond d'une urne il y a un peu de boue glacée. C'est tout ce qui reste de trois d'entre eux et de plusieurs autres des leurs. Quant à saint Ferdinand, on distingue vaguement encore ses traits, ses mains, ses pieds, son manteau royal, sa couronne; mais qu'un enfant soufflât sur ce héros qui a commandé à des armées et qui a tenu en échec la moitié de l'Espagne, et le héros s'évanouirait comme une ombre. C'est qu'ici le souffle de l'enfant serait le souffle de Dieu!

Memento, homo, quia pulvis es, et in pulverem reverteris.

V.

LA GIRALDA.

Les chapelles latérales. — Description. — La dernière toile d'Alonso Cano. — La Babylone sainte. — Le transept. — Les galeries gothiques. — L'horloge. — A quoi elle ressemble. — Saint Christophe. — Croyance populaire à l'égard de ce saint. — La Sacristia Mayor. — La Custodia. — Les clefs de Séville. — Le trésor. — La salle capitulaire. — La Conception. — Murillo. — Son Saint Antoine. — Le Sagrario. — L'effet qu'il produit. — Conseil au chapitre de la cathédrale. — Le patio des orangers. — La chaire de San Vicente Ferrer. — Le sermon en plein air de la Passion. — Ce qui s'y passe. — La Giralda. — Sa destination première. — Naïveté de la chronique. — Le beffroi. — Sa devise. — La légende de sainte Justine et de sainte Rufine.

Les chapelles latérales ou autels privilégiés s'élèvent, si nous ne nous trompons, au chiffre énorme de trente. Peut-être même sommes-nous au-dessous de la vérité, car nous avouons en toute humilité ne pas avoir compté. Tout ce que nous savons, c'est qu'au-dessus de l'autel de celle de Saint-Pierre sont neuf *Zurbaran*. Que de cathédrales ne sont pas aussi riches que ce petit autel !

La *capilla de los Jacomes* renferme un *Roelas* retouché ; la chapelle qui suit, de la *Visitation,* a un retable peint au seizième siècle par ***Pedro Villergas Marmolejo;*** la *capilla de Nuestro Señor del Consuelo* possède une ***Sainte Famille,*** chef-d'œuvre d'***Alonso Miguel de Toval,*** l'un des meilleurs élèves de ***Murillo,*** et celle de l'*Ange de la Garde,* un délicieux tableau symbolique de ce grand peintre lui-même. L'*ange* descend du ciel, tout l'indique dans le rayonnement de son front et l'expression divine de son regard; quant à l'enfant, il est de Murillo, c'est tout dire. On sait en effet que ce Raphaël, ce Michel-Ange et ce Titien de la peinture espagnole, excellait dans ce genre de composition, et que la Vierge elle-même eût été jalouse des enfants Jésus qu'il lui pose dans les bras. On admire également ensuite une belle ***Nativité*** de ***Luis de Vargas*** de Séville. ***San Laureano*** a plusieurs bons tableaux de ***Mateo Arteaga,*** et le retable de ***Santa Ana*** date de l'ancienne cathédrale. Dans la chapelle de Belen, on voit une Sainte Vierge doublement remarquable, en ce sens qu'elle est la dernière toile d'***Alonso Cano.***

San José, dont l'autel est en marbre et en jaspe, contient des tableaux de ***Juan Valdès,*** de ***Francisco Antolinez Sarabia*** et ***Roelas,*** et des statues de ***José Esteve*** et ***Alonso Giraldo.*** De là on peut aller visiter les ***archives,*** qui sont fort curieuses et fort riches, et la ***marguillerie,*** qui possède de très-beaux livres d'église. En rentrant, on trouve dans la ***capilla de San-Hermenegildo*** une excellente statue du saint tutélaire, due au célèbre ***Mon-***

tañes, et le magnifique tombeau de l'archevêque Juan de Cervantes, mort en 1453, œuvre de *Lorenso de Mercadente.* La *capilla de Nuestro Señor de la Antigua* est l'une des mieux dotées (après celle de *San-Antonio,* dont nous parlerons tout à l'heure à part) ; elle renferme un sépulcre en marbre du cardinal don Diego Urtado de Mendoza, sculpté dans le genre *platcresco* par *Miguel Florentin* en 1509 ; vis-à-vis de ce sépulcre se montre celui de l'archevêque don Luis Salcedo, plus moderne, mais non dénué de valeur. Le tableau qui représente la sainte Vierge est fort ancien. Les fresques de la voûte ont été peintes au siècle dernier par *Domingo Martinez* et ses élèves. Enfin on admire encore un beau Saint Jean-Baptiste de *Zurbaran,* un Saint Lazare, évêque, de *Valdès,* un magnifique Saint Jérôme, et un Paradis du Tintoreto ! Nous en passons, et des meilleurs.

On ne peut ni tout voir ni tout mentionner dans un temple pareil, qui à lui seul résume l'histoire des arts de tout un pays et de toute une école. Il faudrait écrire des volumes et encore des volumes, pour donner une idée, même imparfaite, des merveilles que renferme cette Babylone sainte ; or nous ne pouvons disposer que de quelques pages.

Visitons le transept et arrêtons nos regards sur les balcons gothiques des galeries, dont l'élégance, la nervure et la grâce sont un chef-d'œuvre du genre. L'horloge en acajou de droite est par contre du plus détestable goût moderne ; on dirait, qu'on nous passe le mot, un affreux *coucou* de cuisine. Dans une posada, cela irait peut-être ; mais dans la cathédrale cela est impardonnable. A côté de cette déplorable machine à longues aiguilles, se dresse contre le mur une sorte de colossal Juif errant qu'on a baptisé du nom de saint Christophe, et dont le but est, nous le supposons, de faire peur aux petits enfants.

Suivant une croyance populaire, le jour où l'on a vu saint Christophe (et il faudrait être bien aveugle pour ne pas le voir), on ne peut mourir... d'*une mort malheureuse!* Nous avouons que cette dernière restriction enlève à nos yeux beaucoup du mérite de ce saint. La pleurésie, la peste, le choléra, la rage et *tutti quanti* étant rangés au nombre des petites infirmités humaines qui procurent des *morts heureuses*, nous tenons pour peu de chose la protection de ce grand saint, et d'ailleurs le voir tous les jours serait payer infiniment trop cher le plaisir fort contestable de vivre quelques années de plus ou de moins. Cela n'empêche pas que dans presque toutes les églises d'Espagne on trouve des Juifs errants analogues.

Dans la *capilla de la Santa-Cruz*, il y a une belle Descente de croix de *Pedro Fernandez de Guadalupe*, de Séville (1527). La jolie *sacristia de los Calices*, construite en 1530 sur les dessins de *Diego de Riaño*, est un véritable petit trésor. On y admire d'abord un délicieux portrait dans le genre du *Tintoreto,* peint par *Luis de Vargas;* puis la Mère Dorothée de *Murillo,* un Sauveur de *Roelas*, et un Saint Pierre d'Herrera le Vieux. Les portraits des patronnes sainte Justine et sainte Rufine furent faits en 1817 par *Goya,* dans le genre de David. Le style de l'architecture est un style de transition; le pavé et les tables de marbre sont superbes.

Dans le vestibule de la *Sacristia Mayor,* on remarque le plafond, l'armoire renfermant les vases sacrés, la porte sculptée et les Vertus cardinales. C'est *Diego de Riaño* qui est l'auteur de cette splendide sacristie. La *Custodia* date de 1580. Elle est le chef-d'œuvre de *Juan d'Arfe,* le Cellini de l'Espagne; malheureusement, *Juan de Segura* l'a défigurée en 1666, sous le prétexte de la réparer. Parmi les belles toiles qu'on y remarque, la première est la Descente de Croix, placée sur l'autel; elle passe avec raison pour le chef-d'œuvre de *Campaña,* né à Bruxelles au commencement du seizième siècle et l'un de ceux qui introduisirent le style italien en Espagne.

Au-dessus de la *Sacristia* est le reliquaire qui renferme les clefs de Séville, présentées à saint Ferdinand lors de la reddition de cette ville. Celle donnée par les juifs est de fer doré; l'autre est d'argent, également doré, et porte ces mots laconiques mais significatifs : *Dios abrirá, Rey entrerá!* ce qui signifie : *Dieu ouvrira, le Roi entrera!* à quoi nous ne pouvons nous empêcher de trouver que saint Ferdinand fut bien naïf de faire pendant une année le siége de la ville, puisque c'était le bon Dieu qui devait finir par la lui ouvrir. Sans doute, le souverain maître est au fond de toutes choses, mais nous doutons qu'il s'institue le concierge des cités ou des États. Au surplus, les habitants de Séville prévinrent la volonté de Dieu, et ouvrirent eux-mêmes les portes de la capitale à l'armée triomphante du roi très-catholique.

Dans une cour, à main droite, se trouve le trésor de l'église, réduit à bien peu de chose aujourd'hui. Nous préférons les pilastres de marbre, les statues et les médaillons qui l'ornent, à tous ses chandeliers et à toutes ses croix d'argent massif. La salle capitulaire, tracée en 1530 par *Diego de Riaño* et achevée en 1584 par *Juan de Mijares,* est d'une forme elliptique; elle a soixante-six pieds carré et cent vingt du sol à la coupole; son riche pavé de marbre s'harmonise heureusement avec le plafond, d'une beauté et d'une pureté exquises. Les pilastres et les colonnes sont ornés d'admirables reliefs. On s'arrête longtemps et l'on se recueille devant la célèbre Conception de *Murillo,* ce tableau dont il a fait lui-même de nombreuses copies, et que l'on copie encore et recopiera toujours! A côté de *Murillo*, il faut un double mérite au Saint Ferdinand de *Pacheco* et aux quatre Vertus, avec des boucliers et des enfants, de *Pablo de Cespedes,* pour briller d'un aussi vif éclat, et ce mérite-là, on ne saurait le leur refuser.

Les seize médaillons de marbre furent exécutés à Gênes ; les huit ovales, entre les fenêtres, sont de *Murillo*. En vérité, on a peine à comprendre comment la vie d'un seul homme a pu suffire à tant de chefs-d'œuvre! nul peintre d'aucune époque n'a été aussi fécond. *Murillo* était l'Alexandre Dumas de la peinture de son temps, avec cette seule différence, que *Murillo* travaillait pour l'immortalité, et qu'Alexandre Dumas travaille pour le *siècle*.

Puisque nous parlons de ce grand génie, *Murillo*, sur lequel nous aurons à nous extasier plus d'une fois encore, c'est le cas d'aller nous poster contre la grille des fonts baptismaux. De là, au milieu de la demi-obscurité qui règne tout à l'entour, on voit descendre comme un rayon de soleil contre la muraille qui fait face à la porte... Ce rayon de soleil, c'est le merveilleux pinceau de *Murillo* qui l'a tracé! Et telle est sa vigueur, tel est son éclat, qu'il illumine toute cette chapelle, si sombre de prime abord! Ce saint Antoine, à genoux dans l'attitude de la prière, et au moment de recevoir l'Enfant-Dieu qui descend du ciel, ce saint Antoine, disons-nous, est une chose grande comme une page de la vie du Christ. Ce doux enfant Jésus, qui n'a bien que son âge, porte déjà la rédemption du monde dans son angélique regard, dans son adorable sourire, sur son front qui se prépare à la couronne d'épines, sur tous ses traits enfin qui respirent la bonté et l'amour; et en le voyant si beau, si jeune et si naïf, pauvre condamné à la croix, on se prend à sentir son cœur se fondre, à pleurer, et à plaindre amèrement cette malheureuse mère à laquelle on le prendra un jour pour le conduire au Calvaire! O Murillo! vous avez peut-être fait plus de miracles et converti plus d'âmes avec ce seul tableau, que les neuf cent soixante et onze messes qui se célèbrent chaque jour, dit-on, aux quatre ou cinq cents autels des cent trente deux églises ou chapelles de Séville!

Des fonts baptismaux au *Sagrario,* il n'y a guère que l'épaisseur d'une porte. Le *Sagrario* est l'église paroissiale de ceux des fidèles qui habitent cette partie de la ville. C'est un temple à part, qui fut tracé par *Miguel de Zumarraga,* commencé en 1615, continué par *Fernando de Oviedo* et achevé l'an 1662 par *Lorenzo de Iglesías,* qui y fit quelques améliorations. Pendant longtemps, nous avons pris cette église, qui communique par une grande porte intérieure avec la cathédrale, pour une simple chapelle dépendante de celle-ci. Elle a cependant 191 pieds de long sur 64 de large et 108 de haut... Cela donne la mesure de l'immensité de la métropole.

Ce *Sagrario,* il faut bien le dire, est un malheur pour l'admirable monument auquel il s'adosse... A l'extérieur comme à l'intérieur, le style en est diffus, lourd, informe, bâtard, et jure avec celui de la cathédrale. On dirait une paysanne endimanchée à côté d'une grande dame, une idole du fétichisme indien à côté d'une statue de Phidias! Les autels, revêtus de jaspe, sont de mauvais goût; les statues du cintre sont affreuses, et le retable élevé par *Barbas* était si choquant, que le chapitre fut forcé de le remplacer par un autre, emprunté en 1814 à l'ancien couvent des *Vizcaïnos*. Le beau médaillon du centre de celui-ci est de *Pedro Roldan*, élève de *Montañes;* sainte Véronique et saint Clément sont de *Cornejo*. La Vierge avec son Fils mort dans les bras, saint Jean, saint Joseph, saint Nicodème et sainte Madeleine, doivent se trouver mal à l'aise, avec leur style pur, dans cette église sans style.

Si nous avions un conseil à donner au chapitre de Séville, ce serait de retirer du *Sagrario* les sculptures de *Cornejo et de Roldan*, d'enlever les vases sacrés et les saintes images, de faire transporter ailleurs le jaspe des autels, et de placer sur la porte d'entrée un écriteau avec ces mots : *Remise à louer!* Qu'on y installe un régiment de cavalerie, si l'on veut, mais pour l'amour du bon Dieu, qu'on n'y mette pas Dieu lui-même! C'est une profanation, c'est un crime de lèse-Divinité! A cette grande figure, il faut, ou la poésie de l'étable de Bethléhem et de l'église du village, ou les vastes coupoles qui font songer au ciel, en le touchant de leur faîte.

Sortons au plus vite de cet étouffoir, qui nous a rappelé le four de campagne de notre bisaïeul, et allons un peu respirer l'air pur — nous ne disons pas l'air *frais* — du délicieux patio des orangers. A la bonne heure, ici l'on vit, ici l'on redevient homme, ici l'on sent battre d'aise le cœur de l'artiste, ici l'on recommence à admirer et à s'apercevoir de nouveau qu'on est à Séville. Tout l'indique en effet. La fontaine à l'eau claire et limpide où les fidèles de l'islam pratiquaient leurs ablutions avant de pénétrer dans la mosquée; la délicieuse porte mauresque du Pardon; la Giralda qui s'élève à l'un des angles, et trône là comme une reine au milie de sa cour!

Ce qu'il y a de certain, c'est qu'au printemps, quand tous les orangers sont en fleurs, ce patio est une chose ravissante, incomparable. Et notez que ce n'est pas une petite affaire que d'être ravissant, incomparable, avec 450 pieds de long sur 350 de large. A l'une des extrémités, adossée à la muraille, on aperçoit la chaire en marbre du haut de laquelle ***San Vicente Ferrer*** laissait tomber son éloquente par[illegible] que les populations de l'Andalousie recevaient alors comme une manne céleste. Nous parlons de longtemps; aujourd'hui, tout cela a bien changé, et quand le dimanche de la Passion un prêtre cherche à prêcher, il prêche dans le désert... et ce qu'il y a de plus triste ou de plus curieux — dans le désert au milieu de la foule. — On est là comme au foyer d'un théâtre, on fume, on cause, on fredonne, on joue de l'éventail et des yeux — des yeux surtout — on se jette une fleur à la dérobée, on échange un sourire... Mais d'écouter, personne n'y songe...

Montons auprès des cloches de la Giralda ; elles ont une voix éloquente et sonore, elles, qui sait bien se faire entendre. La destination primitive de cette magnifique tour fut, à ce qu'on assure, un observatoire. Mais qui l'assure, nous direz-vous? Mon Dieu, des gens qui n'en savent pas plus que nous à cet égard, ce qui fait que franchement nous n'en croyons pas un mot.

Toujours est-il que la Giralda est attribuée à l'inventeur de l'algèbre, le célèbre architecte Guever ou Gaver, qui vivait sous le calife Abu-Jusuf-Jacube. Elle fut d'abord élevée de 250 pieds, et se terminait par un pavillon carré sur lequel était placé un pilier en fer, surmonté de trois énormes globes dorés superposés, et dont l'un était si gros qu'il fallut, raconte la chronique, détruire une des portes de la ville pour le faire entrer. Il est vrai que plus loin la même chronique ajoute *que c'est à Séville que ces trois boules furent construites.* Pauvre chronique! elle radote un peu... mais elle est si vieille qu'il faut bien lui pardonner quelque chose.

Lors du tremblement de terre de 1395, le pilier en fer qui assujettissait les trois globes se tordit, et ceux-ci tombèrent du haut de la tour. En 1568, *Fernan Ruiz* exhaussa cette dernière de cent pieds et y ajouta le riche beffroi en filigrane dont on admire, sans pouvoir les décrire, la délicatesse, l'élégance et la légèreté. En général, on a beaucoup blâmé et dans un sentiment bien entendu de respect pour l'art, l'œuvre de *Fernan Ruiz.* En effet, quelque remarquable que soit la partie ajoutée par lui à la Giralda, elle n'en constitue pas moins un contraste malheureux avec le caractère primitif de la tour, et ces sortes de profanations sont toujours regrettables en même temps que d'un mauvais exemple.

Ceci dit, il est juste de reconnaître qu'on n'aurait su toucher d'une main plus habile au chef-d'œuvre de Guever, et que le beffroi de *Fernan Ruiz* s'élance dans la nue avec une hardiesse et une grâce incomparables, se jouant dans l'azur de la voûte céleste et les rayons de cette chaude lumière du soleil d'Andalousie, de la façon la plus coquette et la plus chatoyante du monde. On jurerait de la dentelle, mais de la dentelle faite pour le ciel, de la dentelle divine, pleine de poésie, de couleur et de rêves! Sur la frise qui fait le tour des quatre côtés de la Giralda, on lit cette devise :

TURRIS—FORTISSIMA—NOMEN—DEI. PROV. 8.

Pendant les grandes cérémonies religieuses et à l'occasion de certaines solennités royales, cette dernière est illuminée de nuit, au moyen de torches énormes, et produit l'effet d'un immense lustre suspendu à la voûte des cieux. Chaque face de cette tour carrée présente une superficie de 50 pieds, avec de délicieux ornements mauresques. En certains endroits, les murs ont jusqu'à sept pieds d'épaisseur, et l'on dit les fondements si profonds et si énormes que, si on les détruisait, toutes les maisons qui avoisinent cette partie de la cathédrale s'ébouleraient.

On monte à la plate-forme au-dessus de laquelle sont suspendues les cloches (et il n'y en a que vingt-quatre) au moyen de trente-cinq rampes ou plans inclinés. On pourrait faire ce trajet en cabriolet... si on ne le fait pas, c'est par pur intérêt pour les chevaux, auxquels la tête pourrait tourner, et qui auraient, d'ailleurs, de la peine à redescendre. Mais il est hors de doute que si la Giralda était à Londres au lieu d'être à Séville, on y aurait établi un petit chemin de fer, avec stations aux différentes fenêtres, buffets, etc., etc. Et certes, la chose en vaudrait bien la peine. On a organisé plus d'un train de plaisir pour moins que ce que l'on voit du haut de cette tour, et toute l'Europe gagnerait à pouvoir y être transportée.

Le panorama que l'on découvre de là est l'un des plus magnifiques de l'univers. La ville avec ses coupoles, ses innombrables clochers, ses palais, ses maisons blanches, ses balcons verts; la campagne avec ses orangers, ses citronniers, ses oliviers, ses sycomores; le fleuve avec son parcours gracieux et ses navires aux voiles gonflées; le ciel avec sa transparence, et le soleil avec sa lumière aux tons si chauds et si caressants... tout cela forme un tableau unique, rempli de variété, d'animation, de surprises, d'enchantements et de vie. Nous admirons bien *Murillo*, nous admirons bien *Velasquez*, nous admirons bien *Zurbaran*, *Alonso Cano*, et toutes les étoiles de cette brillante pléiade de peintres que l'on appelle l'école sévillane, mais nous donnerions toutes leurs toiles pour un petit coin de ce tableau-là.

Une autre merveille de la Giralda, c'est son horloge, chef-d'œuvre d'un laïque franciscain, nommé José Cordero. La petite coupole qui s'élève du centre de la plate-forme est couronnée par *el Giraldillo*, statue en bronze, haute de 14 pieds, coulée en 1568 par *Bartolomée Morel*, et d'un poids considérable, représentant la *Fé* (la foi). De nombreuses légendes se rattachent à cet édifice (toutes les tours ont la leur); la plus répandue est celle à laquelle les deux filles d'un potier de Triana doivent leur diplôme de sainteté.

Voici ce qu'on rapporte, et ce que l'Académie royale des *sciences* de Séville a solennellement consacré, il n'y a pas plus de soixante ans, par une savante dissertation. En 1504, un ouragan terrible éclata sur la capitale; la plupart des monuments furent ébranlés ou renversés. Seule, la Giralda résista au choc des éléments déchaînés, et cela, croirez-vous, grâce sans doute à sa construction solide et à ses gigantesques fondements! Point. La Giralda resta ferme sur ses quatre pieds de granit, parce que les deux filles du potier de Triana eurent l'heureuse idée de venir l'épauler l'une à droite, l'autre à gauche. Nous ne connaissons sainte Justine et sainte Rufine que par le double portrait qu'en a fait Murillo, mais ce devaient être de robustes personnes. Et qu'on nous parle encore du *sexe faible!*

VI.

LES PROCESSIONS.

Le triomphe. — La place de ce nom. — Origine de ce monument. — Un prêtre d'autrefois. — Poétique coutume instituée en souvenir du 1er novembre 1755. — La Lonja. — Interruption faite par la lectrice au sujet de cet édifice. — La bourse. — Un jour de procession à Séville. — Aspect général des rues, des maisons, des balcons. — Le bon Dieu est remplacé en Espagne par la sainte Vierge. — Effet produit sur l'étranger par ces cérémonies religieuses. — Séville est la seule ville espagnole d'Espagne. — L'Andalou. — L'Andalouse. — Caractère distinctif. — Description. — Gran Funcion. — Les danses religieuses. — Arrêt papal.

Quand on sort de la cathédrale par la grande porte qui fait face à celle du patio des orangers, on aperçoit une jolie petite place ovale, bordée d'orangers, solitaire le plus souvent, et pleine de poésie toujours. A Séville, — hélas! nul n'est prophète dans son pays — on la remarque à peine et on ne l'honore jamais d'un tour complet, mais chaque étranger s'y arrête avec plaisir, l'admire et l'aime. C'est qu'elle est merveilleusement située, cette petite place, c'est qu'elle a un cachet qui n'est pas celui de toutes les places du reste de l'Europe.

Au nord, c'est d'abord la cathédrale avec sa large tour à la teinte rosée, ses arceaux aussi hardis que délicats et élancés, son dôme puissant et majestueux; au midi l'Alcazar, à l'est le *Consulado*, ce vaste palais des archives, et à l'ouest une longue et élégante maison particulière qui rappelle nos *villas* du bois de Boulogne. Le coup d'œil, à quelque heure du jour que l'on passe par là, est différent et charmant; on dirait un de ces délicieux néoramas qui changent à chaque effet nouveau de lumière. A l'extrémité de cette petite place s'élève une croix monumentale en marbre blanc, d'un style assez capricieux, et surmontée d'une chapelle microscopique de la Vierge. Le piédestal, couvert de trois inscriptions, est assez développé pour pouvoir, à l'occasion, servir d'autel, et de fait c'est à cela qu'il est destiné.

L'une des trois inscriptions de ce piédestal, ou plutôt les trois inscriptions à la fois nous apprennent que le premier novembre 1755, lors du terrible tremblement de terre qui détruisit Lisbonne, des secousses se firent sentir jusqu'à Séville, et notamment dans la cathédrale, où était alors réunie une foule nombreuse de fidèles qui assistaient au saint sacrifice de la messe de la Toussaint. S'étonner d'abord, puis s'effrayer et s'enfuir, fut l'affaire d'une minute. Seul, le prêtre officiant à l'autel conserva son sang-froid et sa douce impassibilité.

Il sortit également de l'église, mais sans précipitation,

sans terreur, et emportant avec une adorable sérénité l'hostie consacrée. C'était un vrai prêtre celui-là!

Un banc mousseux, ombragé par un acacia et qui montrait ses angles dégradés au fond de la place, fut choisi par lui pour y déposer le calice; il s'agenouilla sous la voûte du ciel, et le saint sacrifice commencé continua au milieu du recueillement général, les esprits s'étant peu à peu calmés à la vue de la lumière du soleil et de la cessation du phénomène. Voilà une messe qui nous rappelle le *paradis* de l'église de notre village. Ah! si la religion savait ce qu'elle gagne en poésie en perdant ses pompes théâtrales, elle ferait une consommation infiniment moins grande de chandeliers d'argent et de drap d'or... mais elle ne veut pas le savoir, et nous prêcherions dans le désert en le lui disant.

Donc, en souvenir de cette messe en plein air, on éleva la croix de marbre dont nous venons de parler, et qu'on appelle le *triomphe,* du nom donné habituellement à ces sortes de monuments en Espagne, et chaque année, à pareil jour et à pareille heure, le chapitre sort solennellement de la cathédrale, et le saint sacrifice continue sur le piédestal de la croix.

Cette cérémonie religieuse nous amène naturellement à parler de celles de la semaine sainte et de la Fête-Dieu, qui se sont acquis une grande réputation en Europe; mais avant de nous poster sur quelque élégant balcon aux pittoresques draperies, pour voir passer les *confréries,* disons quelques mots de la bourse, auprès de laquelle nous ne saurions passer sans l'admirer.

Comment! monsieur — va s'écrier la lectrice dont le mari perd les deux tiers de son temps et les trois quarts de son argent dans ce temple païen, — vous admirez la bourse?

Entendons-nous, madame, il y a bourse et bourse. Ah! que nous sommes mille fois de votre avis, si vous parlez de ce lieu de perdition où l'on entend une langue inconnue, où les hommes ont des râteaux en guise de mains, où l'on enterre toutes les après-midi, le plus poliment du monde, quelques centaines de pères de famille, sous le 3 pour 100 en déroute, ou les consolidés défaillants; où l'on ne s'entretient que de jolies choses dans le genre de celles-ci : *Avez-vous du sarde Victor-Emmanuel? — Vendez-vous vos Montluçon à Moulins. — Les plombs sont lourds. — Les huiles s'écoulent lentement, etc.. etc.* — Mais encore une fois, il y a bourse et bourse. Celle de Séville est un inoffensif édifice, qu'on appelle encore le *Consulat,* plus communément même la *Lonja,* et qui n'a pas la plus petite faute de français à se reprocher contre le génie de la langue espagnole. Car voilà ce qui caractérise toujours le peuple de ce pays-ci, au milieu de notre vieille Europe en proie à la fièvre de l'industrie et de l'or, c'est qu'il ne s'occupe de rien de tout cela et qu'il s'inquiète fort peu que les fonds publics soient en baisse, quand le ciel est bleu, que le soleil brille et qu'il y a des oiseaux qui chantent dans les arbres. Vive les manteaux déchiquetés et les bottes à jour, les chapeaux râpés et les chemises à manchettes et jabots naturels... vive l'oreiller de pierre, la poche vide et l'estomac léger, vive aussi, et vive toujours le cœur libre, l'esprit content, la conscience dégagée ! Vive le clair de lune qui fait rêver, vive la rêverie qui conduit à l'amour, vive l'amour qui rend poëte !

Ceci explique comment à Séville la bourse n'est pas la bourse, mais simplement un délicieux bâtiment carré, d'ordre toscan, avec de magnifiques pilastres surmontés d'une balustrade aussi délicate qu'élégante, et dont chacune des quatre façades ouvre sur le dehors par onze grandes et belles fenêtres. On pénètre à l'intérieur au moyen de neuf portes de différente grandeur. Le patio ou cour a 72 pieds carrés sur 60 de haut. Le sol, fort simple du reste, ainsi que la fontaine du centre, est en beau marbre blanc et noir, comme dans presque tous les patios des maisons de Séville. L'escalier qui conduit aux archives indiennes se fait remarquer par son excellent style et par ses beaux ornements en jaspe. Les archives, placées au premier étage et d'ordre dorique, contiennent tous les documents, actes, arrêts, ordonnances, etc., etc., concernant l'administration des colonies espagnoles en Amérique, depuis les fameuses capitulations signées à Grenade entre Christophe Colon et les rois catholiques jusqu'à nos jours. Le second escalier; qui aboutit aux terrasses, a une valeur artistique très-grande.

La *Lonja* a subi de nombreux changements, et ces changements, pas toujours intelligents, ont diminué de beaucoup son mérite primitif. Il suffira d'ailleurs de rappeler que le plan en fut tracé par *Juan de Herrera* et exécuté par *Juan Minjares*. Mais les cloches sonnent gaiement, se renvoyant de tourelle en tourelle leurs poétiques accents, semblables à des oiseaux qui chantent dans leur nid.

C'est jour de procession, c'est-à-dire jour de fête à Séville. Dès la veille au soir de nombreux pétards, boîtes et fusées ont annoncé la solennité religieuse; une musique militaire a parcouru, en jouant des polkas, des quadrilles et des valses, les places et carrefours par lesquels doivent passer le lendemain les saintes images, et il n'est bruit de par la ville que de la robe brodée que doit porter le Christ, du manteau de cour à ramage qu'étrennera saint Joseph et du beau diadème arrivé de Madrid pour Madame la Vierge.

En Espagne, l'habit fait non-seulement le moine, mais encore le saint. Plus un habitant du ciel est richement vêtu, plus on lui accorde de faveur, plus on lui croit de pouvoir. La Vierge elle-même n'est pas au-dessus de ce préjugé. et c'est à la plus belle qu'on adresse de préférence ses prières. Quant au bon Dieu, l'idée n'est jamais venue à aucun chapitre de le représenter en culottes courtes, bas de soie et souliers à boucles; mais personne, d'ailleurs, ne s'occupe de lui en Espagne. On n'y connaît, on n'y vénère, on n'y invoque que la sainte Vierge. Pour elle seule, tous les *ex-voto,* toutes les fleurs, tous les riches présents, tout l'encens, tous les violons; pour elle seule tout l'amour! Le bon Dieu est un mythe dont on parle à peine, qu'on ne prie pas, et que beaucoup sans doute s'imaginent être un personnage de la fable ou une invention des poëtes.

Toujours est-il que dix heures du matin viennent de sonner aux différentes églises. Il n'est pas tard, comme on voit, et les aveugles qui crient de par les rues *l'ordre et la marche de la procession* nous apprennent que la confrérie ne doit sortir qu'à la tombée de la nuit; mais le spectacle vaut bien la peine qu'on fasse un peu queue pour l'attendre, et puis chacun n'a-t-il pas mis son habit neuf, sa veste brodée d'or et de soie, sa robe à accroche-cœurs? Les rues ne sont-elles pas déjà jonchées de fleurs, les tentes préservatrices ne les couvrent-elles pas d'un bout à l'autre? Les balcons, ornés de tapisseries, de courtines et de rubans aux mille couleurs, ne sont-ils pas surchargés de gais et frais minois? Tout cela vaut bien la peine qu'on fasse une promenade à travers la ville, et le temps paraît court au flâneur.

Séville est aujourd'hui la seule ville originale d'Espagne, nous dirions même la seule ville vraiment espagnole, si nous n'avions pas peur de faire de la peine à Burgos et à Grenade. A ce titre, elle a double valeur, elle offre double intérêt au voyageur. Tout le monde sait, en effet, que Barcelone et Cadix sont des villes cosmopolites. Malaga pourrait aussi bien se trouver dans les environs de New-York qu'en Andalousie. Aranjuez, dont les beaux jours sont, hélas! passés, ressemble à une dizaine de petits *sans-soucis* que nous avons eu occasion de voir en Allemagne... Quant à Madrid... oh! Madrid, c'est la capitale... ce qui ne nous empêche pas de lui préférer Pontoise.

Mais Séville, à la bonne heure, parlez-moi d'elle! voilà une cité originale, vive, élégante et coquette!... La construction de ses maisons, ses délicieux patios, ses balcons, la forme de ses rues, la teinte de ses monuments, ses promenades, ses églises, ses magasins mêmes, tout a son cachet pittoresque, sa couleur locale, sa poésie réelle, sa vie propre! Et les Sévillanais et les Sévillanaises! où retrouverez-vous ce type adorable de comédie et de roman, sinon à Séville? Quoi de plus élégant qu'un Andalou à cheval, avec sa petite veste brodée, son pantalon collant sur une jambe irréprochable, sa ceinture éclatante, son petit chapeau, ses guêtres de cuir, couvertes d'arabesques, sa haute selle, ses caparaçons rouges et son puncho de même couleur? Quoi de plus gracieux, de plus sémillant qu'une véritable Andalouse? Quelles femmes mieux qu'elle portent la mantille et jouent de l'éventail? Et quoi de plus caractéristique que ces mendiants qui promènent le plus naturellement, le plus fièrement du monde, leurs haillons et leurs longs manteaux déchiquetés au milieu de tout ce velours, de toute cette soie, de toute cette gaze, de toutes ces fleurs et de toute cette fraîcheur? Enfin quoi de plus curieux que ces don Basile à longs chapeaux, qu'on ne trouve vraiment ainsi conservés, dans l'intégrité du type, qu'à Séville et à la Comédie française?

Nous le disons sans crainte de pouvoir être démenti, un jour de procession ou de féria dans la capitale de l'Andalousie vaudrait, à lui seul, la peine qu'on fît le voyage d'Espagne. Hélas! d'ici à quelques années les chemins de fer nous auront gâté tout cela, et il n'y aura plus alors sur la terre un seul point qui ne soit Paris, Londres, Vienne ou Berlin. C'est bien beau, la vapeur, mais cela détruit plus de villes qu'on n'en reconstruira jamais! Chaque capitale, chaque chef-lieu de province, chaque hameau deviennent autant de photographies de leurs voisins.

Vienne daguerréotype Paris, Berlin daguerréotype Vienne, Dresde daguerréotype Berlin, et ainsi de suite, jusques et y compris Tombouctou! Comme ce sera amusant d'ici à un quart de siècle!

On ne pourra plus aller dans le plus petit village sans y retrouver aussitôt tous les habitants de celui qu'on aura quitté. Les laboureurs porteront des bottes vernies, comme nos portiers ; ils déjeuneront dans du sèvres, et on payera cent sous un oignon au naturel ou une queue d'artichaut à la poivrade ! On ne parlera que français, on n'écrira que des livres français, on ne mangera que de la cuisine française, on ne jouera que des pièces françaises, il n'y aura que de l'argent français, et tous les Quimper-Corentin de l'univers deviendront de petits Paris ! Certes il y a dans cette perspective de quoi réjouir notre orgueil national, mais il y a aussi de quoi attrister notre cœur d'artiste... Nous voudrions que les nations, leurs monuments et leurs mœurs ne ressemblassent pas aux pièces de monnaie depuis longtemps en circulation.

Profitons de ce que Séville est encore Séville pour voir passer la procession. L'Andalou, c'est le Parisien d'Espagne. Il est vif, il est élégant, il est spirituel, il est bavard ; il a la grâce, il a la verve, il a la finesse, il a la vie. Faire queue à la porte de l'Ambigu-Comique, ou attendre au milieu d'un groupe de Sévillanais le passage de la procession, c'est absolument la même chose. Le gamin de Paris en sait plus long que l'Andalou sur toutes choses, ce qui s'explique de soi-même, et il a, par conséquent, un répertoire plus varié... mais, quant à l'invention, quant à l'originalité, quant à la repartie, quant à ce quelque chose qui ne se donne pas et que nous appelons le *chic*, nous autres, Andalous et Parisiens, sommes de force égale.

Mais voici la confrérie. Quatre gendarmes à cheval et huit trompettes viennent d'apparaître à l'extrémité de la rue... les gendarmes tiennent le sabre au poing, les trompettes sonnent une joyeuse fanfare. Vous croyez peut-être qu'un religieux silence va succéder aux burlesques lazzis et aux joyeuses saillies? Eh! que vous connaissez mal votre Andalou! Le bruit va, au contraire, en augmentant, et c'est le moment où, profitant de la distraction des grands parents, il se jette le plus de bouquets, il s'échange le plus de billets doux!

Enfin la procession arrive!... ici, nous sommes bien forcé d'en convenir, le désenchantement commence pour l'étranger. Ces espèces de moines à bonnet de magicien, qui font des armes avec leurs cierges, ces maîtres de cérémonies qui portent de petits paniers remplis de bonbons qu'ils lancent à leurs fiancées ou à leurs maîtresses en passant, ces châsses aux personnages si grotesquement accoutrés, ces violons qui jouent un rigodon, tandis que la musique militaire touche (comme on dit en espagnol) les couplets de *Catalina*, tout cela, disons-nous, paraît à l'étranger une odieuse mascarade, et il faut être né sur le sol andalou pour savoir qu'il n'y a là nulle intention de parodie, et que ce qui nous indigne, — nous autres profanes, — paraît aux gens du pays le comble du majestueux, de l'imposant, du solennel!

Peut-être ont-ils raison et nous tort! La candeur tient

parfois lieu de vertu. Un enfant de quinze ans sourit où un homme de cinquante rougit! Quoi qu'il en soit, on peut dire des processions de Séville : Qui en a vu une en a vu mille. Celle de la Fête-Dieu fait seule un peu exception à la règle. Et encore la différence consiste-t-elle simplement dans le plus grand nombre de châsses, de pénitents et de fanaux, nullement dans le caractère plus religieux de la *funcion.* (Les Espagnols donnent à leurs processions le vrai nom qui leur convient, celui de *funcion,* qui signifie *fonction, représentation!*)

Dans une de ces *funciones,* les enfants de chœur de la cathédrale poussent même le sans-façon jusqu'à danser devant le saint-sacrement au son d'une musique qui, pour être religieuse, n'en ressemble pas moins étonnamment à la catchoutcha, y compris les castagnettes; à la vérité, on invoque le souvenir de David.

— Il a bien dansé devant l'arche, — dit-on.

— C'est vrai, — mais il y a longtemps! et puis c'est le cas d'ajouter : — Autres temps, autres mœurs! L'action en elle-même n'a rien de répréhensible sans doute, et, dans le cas particulier, elle est de plus la consécration d'un très-pieux souvenir... mais notre siècle positif et sérieux, conséquent et beaucoup plus religieux au fond qu'il n'en a l'air, n'aime pas à mêler le théâtre avec l'église, et à faire une macédoine du grave et du léger, de l'autel et des tréteaux, du profane et du sacré.

Au surplus, il paraît qu'un archevêque fut déjà de

l'avis du *siècle* il y a plus de deux cents ans, car il voulut empêcher la danse des enfants de chœur, et l'affaire fut portée devant le saint-père, qui, ne voulant déplaire ni au chapitre, partisan des danses, ni à l'archevêque, leur ennemi déclaré, décida que : 1° en principe, la danse en litige était abrogée; 2° que cependant on pourrait continuer à l'exécuter jusqu'à ce que le costume *ad hoc* des enfants de chœur fût complétement usé. Or l'archevêque est mort depuis près de deux siècles, et jamais les petits danseurs n'ont été mieux vêtus; ce qui rappelle involontairement l'histoire de ce fameux couteau dont on avait changé sept fois la lame et sept fois le manche.

(Dessin de A. Du Buisson.) Typ. H. Plon. J. Tardieu, éditeur.

LE CLOITRE DES CORDELIERS.

VII.

LES ÉGLISES.

De quelques autres églises de Séville. — De leur physionomie extérieure. — Le Salvador. — Sainte-Anne. — Saint-Marc, etc., etc. — Le genre plateresco. — Quelques réflexions à propos des statues de Montañes. — Saint-Jean de Dieu. — La charité. — Murillo. — Valdès Léal. — La Tour de l'or. — L'origine de son nom. — Son caractère. — La place de San-Francisco. — Son aspect. — L'ayuntamiento. — Souvenirs éveillés par la vue d'un bec de gaz. — L'Espagne d'autrefois. — La sainte inquisition. — Les auto-da-fé. — Contraste. — De la peine de mort. — Citation extraite d'un ouvrage couronné de madame Eugénie Niboyet. — Un précepte de l'Évangile.

Indépendamment de la cathédrale, il y a encore à Séville vingt-quatre autres églises paroissiales, plus un nombre infini de chapelles, sacrés-cœurs, autels privilégiés, etc., etc. Le lecteur, spirituel et indulgent comme toujours, nous pardonnera de ne pas le faire entrer dans toutes. Il comprendra d'ailleurs qu'en agissant avec cette prudente réserve nous n'avons en vue que son propre intérêt. Les églises de Séville sont un peu comme les femmes de tous les pays. La première est superbe... La seconde ressemble à la première; la troisième à la seconde... ainsi de suite jusqu'à cent, et on trouve la dernière affreuse.

A l'intérieur, cependant, toutes ces églises sont d'un style assez pittoresque, assez original, et la plus humble a quelque chose de miroitant, de frais et de poétique qui attire l'attention et parle en sa faveur. Ce n'est pas toujours pur, ce n'est même pas toujours de bon goût, mais tel que cela est, ça a sa vie propre, son cachet particulier, sa physionomie à soi. Seulement, le mérite réel de ces édifices de second ordre est en raison directe du peu d'attention avec laquelle on les regarde.

Figurez-vous un décor d'opéra! Un clocher s'élance dans les airs, le soleil couchant le dore de ses derniers rayons; un arbre élevé lui procure un heureux effet d'ombre; par-ci par-là, quelques touffes d'herbes vivaces débordent à travers deux pierres mal jointes; une fenêtre en ogive montre ses vitraux bigarrés... Et aussitôt vous voilà enthousiasmé, aussitôt vous vous écriez : — C'est charmant! Mais approchez-vous, regardez de près la toile grossière, et vous chercherez en vain votre rêve sur l'affreux badigeon. Cette histoire, sans en avoir l'air, est celle de beaucoup de monuments. On les entrevoit au fond d'une rue, à l'extrémité d'une place ombragée d'arbres, ou du haut d'une tour, et on est si ravi qu'on s'arrête pour les examiner en détail; mais alors on est tout surpris de s'apercevoir qu'ils ne supportent ni cet examen ni la critique.

Il est bien entendu, néanmoins, que nous n'étendons pas les rigoureuses conséquences de ce principe à toutes les églises paroissiales ou particulières de Séville. *Le Salvador,* entre autres, avec ses trois nefs et ses demi-colonnes corinthiennes, *Sainte-Anne,* avec sa pureté gothique, *Saint-Marc Omnium Sanctorum* et *Sainte-Lucie,* avec leurs tours arabes, forment une heureuse exception et offrent un intérêt véritable.

La première, notamment, située sur la délicieuse petite place à laquelle elle donne son nom, et construite en briques peintes, en pierres de taille, en marbre et en jaspe, est d'un effet excellent, à la fois simple, sévère et majestueux. Vus du côté de la place du Pain, par un beau clair de lune, le dôme, les tourelles et le mur d'appui du maître-autel forment un merveilleux tableau. L'intérieur, divisé en trois grandes nefs, appartient à une corruption du genre *platcresco,* déjà si corrompu lui-même, et présente des ornements du plus mauvais goût. Quant aux retables, ce qu'on peut en dire de moins sévère, c'est qu'ils sont détestables.

En fait de choses d'art, on ne remarque guère dans cette église qu'un Saint Léandre et un Saint Isidore de *Felipe de Castro* et deux statues du célèbre *Montañes.* Ce grand artiste, dont nous aurons occasion d'admirer quelques belles œuvres au musée, a sans doute doté les églises de Séville d'un nombre assez respectable de saints et de saintes en bois, et ce n'est ni le mérite de l'inspiration ni celui de l'exécution qui leur manque; mais nous le demanderons de bonne foi, comment serait-il possible de considérer sans rire le bizarre accoutrement dont les chapitres ont affublé ces diverses statues ou effigies? Indépendamment de ce que ces robes et ces manteaux à ramages, ces bas, ces bottes, ces souliers, ces chemises, ces fichus, ces gilets et ces vestes sont un anachronisme grossier, ils constituent une véritable profanation artistique. L'idée est-elle jamais venue à personne, — même en Espagne, où l'on en a parfois d'étranges, — de représenter ***Mercure*** en courtier marron, ***Apollon*** en maître de chapelle, ***Neptune*** en marin, ***Jupiter*** en général, ***Vénus*** en dame de la cour, ***Pomone*** en paysanne, et les œuvres de l'ère chrétienne seraient-elles donc moins pures que celles de l'antiquité qu'il faille jeter un manteau sur leur nudité? Qu'on y prenne garde, l'exagération de la pudeur (ou du moins de ce que l'on appelle souvent ainsi) dénote plus de vices que de vertus, et chaque fois que nous voyons des gens baisser dévotement les yeux devant un bout d'épaule ou une jambe un peu découverte, nous nous rappelons involontairement les deux vers si francs de notre divin Molière, à propos de la ***peau*** de Monsieur Tartuffe.

Ceci dit pour l'acquit de notre conscience et le plus grand amour de l'art, jetons un coup d'œil sur la jolie petite église de ***Saint-Jean de Dieu***, située vis-à-vis de celle du *Sauveur*. La façade, très-étroite, peu élevée et très-surchargée d'ornements, produit cependant un pittoresque, mais surtout un poétique effet. C'est une de celles devant lesquelles on s'arrête le plus volontiers, malgré ses défauts, parce qu'elle a une originalité bien à elle, un cachet de foi naïve et quelque chose de plus encore, ce quelque chose d'inexpliqué et d'inexplicable qui est la vie dans les arts. A l'intérieur, *Saint-Jean de Dieu* nous prouve une fois de plus combien le genre *plateresco* était un genre bâtard et maniéré, aussi éloigné de la sévérité que de l'élégance, et aussi peu vrai que possible.

Nous citerons encore, parmi les églises qui offrent sous un certain point de vue un intérêt quelconque, *Sainte-Anne,* de style gothique, avec un maître-autel remarquable et de très-beaux tableaux sur bois, de *Campaña; Saint-André,* dont le retable contient seize bons tableaux également sur bois, de *Villegas,* et qui possède, en outre, une *Conception,* de *Montañes,* et quelques toiles de *Juan Valdés; Saint-Bernard,* où se trouve le célèbre *Jugement dernier,* d'*Herrera* le vieux; *Saint-Pierre,* orné d'un maître autel magnifique; *Saint-Laurent,* qui renferme le plus de chefs-d'œuvre en sculpture, et enfin la délicieuse chapelle de la *Charité,* où l'on admire deux *Murillo* et un *Valdés Léal* immortels.

La gravure a fait connaître dans le monde entier ces

trois tableaux sans rivaux, notamment le *Moïse faisant jaillir l'eau du rocher;* mais ce dont elle n'a pu donner une idée, c'est du coloris, de la chaleur, de la magnificence et du charme qui règnent dans les deux admirables compositions du premier maître, et de la vérité effrayante, du ton magistral qui font de celle du second une toile à la fois affreuse et magnifique.

Cet évêque mort, ce cadavre à demi rongé sous sa chape et sa mitre d'or, cette hideuse vermine qui se promène en reine sous ces ornements pontificaux, cette mise en scène de cimetière, tout cela a quelque chose d'horriblement saisissant, d'horriblement palpable (s'il est permis de s'exprimer ainsi), et on comprend les judicieuses paroles prononcées à propos de cette composition funèbre : — « C'est un admirable tableau qu'il faut regarder en se bouchant le nez. »

Nous ne croyons pas qu'il soit possible de faire en moins de mots une meilleure critique et un éloge plus grand de l'œuvre *géniale de Valdès Léal*. Nous ajouterons qu'à l'époque où elle vit le jour il fallait une certaine hardiesse en même temps qu'un esprit assez novateur pour oser la concevoir. En effet, *l'égalité,* même dans la mort, n'était pas alors dans les idées admises ou permises, et ce n'était pas une petite affaire que de poser d'un pinceau philosophique un premier jalon dans le champ encore fermé de la pensée humaine.

L'église de la *Charité,* construite vers le milieu du

dix-septième siècle, et dont les ornements colorés du frontispice ont été exécutés en faïence à Triana, d'après les dessins de *Murillo* lui-même, se fait aussi remarquer par de magnifiques sculptures intérieures de *Pedro Roldan*. Enfin, le soleil couchant, en la dardant amoureusement de ses derniers regards, donne à ses formes si simples une suavité et une grâce exquises.

C'est en face de la *Charité*, ou à peu près, que s'élève la fameuse *Tour de l'or*, jadis reliée à l'Alcazar par une galerie couverte et aujourd'hui transformée en paisible bureau de pilote. On n'est pas d'accord sur l'origine de cette tour, ni sur celle du nom qu'elle porte. En ce qui concerne ce dernier point, les uns affirment que ce baptême *d'or* lui fut donné par les trésors que lui confia don Pedro le Cruel; les autres, par les galions qui apportaient d'Amérique le précieux métal; les troisièmes, enfin (plus poétiques sans doute), prétendent que cette appellation provient simplement de l'effet produit sur la tour par les rayons du soleil. Inutile d'ajouter que nous ne partageons pas cette opinion excentrique, par bien des raisons, au nombre desquelles celle-ci : que la tour, jaune aujourd'hui, ne l'était pas jadis.

Quant à la question de savoir si cet édifice, d'ailleurs moins remarquable que ne le disent avec trop de complaisance les chroniqueurs sévillanais, a été construit par les Romains ou par les Maures, nous croyons qu'elle ne peut faire doute pour personne. En dehors de ce que c'est aux peuplades africaines, et à elles seules, que le Guadalquivir a dû toute son importance, et que la *Tour de l'or* se relie évidemment à ses travaux, il est incontestable qu'on ne trouverait dans cette dernière ni une pierre, ni un brin de chaux, ni un fragment de brique, ni un grain de sable, auxquels on puisse attribuer une origine romaine. La *Tour de l'or* a le caractère des parapets que l'on admire encore (sur la rive gauche du Guadalquivir, au-dessus du pont actuel), et des murailles de la ville : c'est-à-dire qu'elle est mauresque de la base au sommet, tout ce qu'il y a de plus mauresque. Les Romains n'ont jamais donné cette forme à leurs créneaux, jamais ils n'ont bâti avec cette chaux et avec cette brique. Quoi qu'il en soit, la *Tour de l'or* a joué un grand rôle sous les anciens rois de Séville, et notamment sous don Pedro le Cruel, qui la fit servir de prison à doña Aldonza Coronel et à une foule d'autres personnages célèbres dans l'histoire.

Nous rentrerons en ville par la porte *del Carbon* (celle que prit, dit-on, le Maure Axataf pour livrer les clefs de la capitale à saint Ferdinand), et nous gagnerons la place *San-Francisco*, appelée encore de la *Constitucion*. Cette place, qui forme une espèce de carré long et se compose de l'*Ayuntamiento*, de l'*Audiencia* et d'une suite de maisons particulières à colonnades mauresques, offre un coup d'œil des plus originaux. C'est bien ainsi qu'on se représente l'Espagne, la vraie, c'est-à-dire celle du Cid, de Cervantes, de don Juan, du comte Almaviva, et de Figaro, l'Espagne aux mille balcons, l'Espagne mélange de pourpoints noirs et de rubans roses, l'Espagne mauresque d'Abdalasis, l'Espagne catholique de Charles-Quint, l'Espagne grande enfin, mais étrange, mystérieuse, mais n'entonnant de si gaies chansons que pour couvrir ses *De profundis,* ne jetant à pleines mains tant de fleurs que pour cacher ses tombes!... Hélas! que de drames et de comédies se sont joués sur cette simple petite place! Celle du Châtelet à Paris n'est qu'une innocente en comparaison, et ses crimes ressemblent relativement à de jolis péchés mignons.

C'est à quelques pas de cet élégant édifice renaissance, appelé l'*Ayuntamiento* ou plus communément *las Casas Capitulares,* qu'avaient lieu sous la sainte inquisition — de douce et heureuse mémoire — les *auto-da-fé!* A l'endroit même où brûle paisiblement aujourd'hui la lanterne à quatre becs de gaz, on a brûlé jadis des hommes, des femmes et des enfants!... Là où brille l'humble petite flamme bleue municipale, flambaient autrefois de véritables feux, les feux allumés pour les victimes du tribunal de la foi! Ah! on aura beau faire, ce sera là une rude page à déchirer de l'histoire, car elle est si fortement imprimée dans le grand livre espagnol, qu'elle a pour ainsi dire déteint sur tous les autres feuillets!

Ces souvenirs et ces impressions ont diminué de beaucoup pour nous le charme du joli monument dans lequel se discute aujourd'hui le prix du pain et où se discutait jadis la grâce ou la sentence des prisonniers de l'inquisition ! Du balcon où l'on décidait la mort, on décide à présent la vie ! Le laboureur a remplacé le bourreau... Et il y a bien dans ce contraste de quoi donner à rêver à de moins rêveurs que nous. Pour ma part, — que le lecteur me permette de parler un instant en mon nom, — en me rappelant les horribles récits des *auto-da-fé* innombrables qui ont marqué de leur sceau infamant cette coquette et élégante place, je me rappelais aussi ces paroles de ma mère [1] ; — « L'existence est le premier don que l'homme reçoit du Créateur ; en vertu de quel droit la société vient-elle l'en priver? et quel est donc l'orgueil du juge qui ose prendre ainsi un arrêt contre l'arrêt du ciel?... »

Plus d'échafauds, le sang est en horreur au juste, l'œuvre de Dieu ne saurait lui appartenir! Puis, que vienne le jour où, sans être rappelée, cette loi des temps anciens s'effacera pour ne reparaître jamais! Qu'aucune mère ne puisse plus trembler pour son fils, aucune femme pour son mari, aucune sœur pour son frère, et que tous, enfants du même Dieu, se regardant

[1] Madame Eugénie Niboyet. *De la peine de mort*, ouvrage couronné, et faisant suite à la longue série de ses *Études humanitaires et philosophiques*, toutes également couronnées de grands prix.

les uns les autres comme sacrés, s'entr'aidant comme de sincères amis, acceptent pour loi cette maxime qui résume la sagesse infinie : « *Ne faites pas à votre prochain ce que vous ne voudriez pas qui vous fût fait a vous-même.* »

VIII.

L'ALCAZAR.

L'Alcazar résume l'histoire de Séville. — Son origine. — Son caractère. — Abdalasis. — Saint Ferdinand et la petite tour sur laquelle il planta sa bannière. — Les murailles extérieures. — Le grand portique. — Son inscription gothique. — Parallèle établi par l'auteur entre Versailles et l'Alcazar. — Don Pedro est le Louis XI espagnol. — Le patio principal. — Le salon des Ambassadeurs. — Les restaurations faites récemment. — Meurtre de don Fadrique. — L'auteur cède la parole à l'histoire. — Le régime du bon plaisir.

L'Alcazar est pour ainsi dire la personnification de Séville, ou du moins de l'histoire de Séville. Peut-être même serait-il plus juste de dire qu'il en est la miniature ou le résumé. L'Alcazar a la physionomie, comme il a l'âge, comme il a eu la fortune de la capitale de l'Andalousie. C'est le même caractère, c'est la même origine perdue dans la nuit des temps, ce sont les mêmes souvenirs. Qui n'a pas vu l'Alcazar n'a pas vu Séville. Qui n'a pas vu Séville ne saurait comprendre l'Alcazar. Ce sont deux cités qui n'en font qu'une, deux empires qui se complètent, deux têtes qui n'ont poursuivi qu'une même pensée, deux cœurs qui n'ont eu qu'un seul battement. Leur double histoire se résume en peu de mots... mais quelle histoire pourtant! nulle n'est plus grande, ni plus héroïque, ni plus palpitante, ni mieux remplie.

Ce qui est immense est simple, ainsi de saint Ferdinand, de don Pedro et de Charles-Quint! Seulement, que ne disent pas ces trois noms-là? Le premier est empreint sur chaque porte, sur chaque pan de muraille, sur chaque colonne; car bien que saint Ferdinand ait reconstruit ce *palais des rois* (comme on appelle l'Alcazar), celui-ci n'en est pas moins resté toujours l'Alcazar des Maures. Il est oriental des pieds à la tête, du cœur au front, et oriental il sera toujours, comme oriental il a toujours été.

En le regardant, soit qu'on se poste sur la Giralda, soit qu'on se place sur l'un des balcons de l'édifice lui-même, soit enfin qu'on se contente du coup d'œil dont on jouit du fond des jardins ou du bas du grand perron, on croit faire un rêve ou lire une page des *Mille et une nuits!* Cela étincelle, cela miroite, cela éblouit, cela tient de l'enchantement, de la fantasmagorie, de la magie!

Par où que vous entriez, l'effet produit est merveilleux, l'impression ressentie est immense! Nous prendrons cependant la porte principale. Mais regardez, d'abord, cette petite tour située à l'angle de la place

Saint-Thomas. C'est sur elle que saint Ferdinand planta sa bannière; c'est par elle également que s'évada don Pedro le Cruel, pour aller tomber un peu plus loin sous les coups du poignard de don Enrique le Bâtard, son frère. Les fortes murailles qui entourent l'Alcazar et lui donnent à l'extérieur l'aspect d'une citadelle, ajoutent un trait de plus à la physionomie orientale de ce palais. C'est la beauté sous le voile, le paradis derrière une prison!

On entre... et l'on s'arrête frappé d'admiration devant le magnifique portique qui succède à la première cour. Jamais on ne vit telle profusion d'arabesques peintes et dorées, jamais on ne vit une telle délicatesse d'exécution, jointe à une semblable richesse, jamais le marbre et le stuc ne se marièrent plus luxueusement. Sur la frise, court capricieusement une inscription que l'on croit d'abord arabe, mais qui, en y regardant de plus près, trahit bientôt son origine castillane. La voici :

† EL : MUY : ALTO : ET : MUY : NOBLE : ET : MUY : PODEROSO : ET : MUY : CONQUERIDOR : DON : PEDRO : POR : LA : GRACIA : DE : DIOS : REY : DE : CASTILLA : ET : DE : LEON : MANDÓ : FACER : ESTOS : ALCAZARES : ET : ESTOS : PALACIOS : ET : ESTAS : PORTADAS : QUE : FUÉ : FECHO : EN : LA : ERA : DE : MIL : ET : DE : CUATROCIENTOS : Y : DOS :

C'est-à-dire, littéralement ;

LE TRÈS-HAUT ET TRÈS-NOBLE ET TRÈS-PUISSANT ET TRÈS-CONQUÉRANT DON PEDRO, PAR LA GRACE DE DIEU ROI DE CASTILLE ET DE LÉON, FIT FAIRE CES ALCAZARES ET CES PALAIS ET CES PORTIQUES, CE QUI FUT FAIT DANS L'ÈRE DE MIL QUATRE CENT DEUX.

Don Pedro se vantait, comme tous les grands hommes en général, et tous les monarques en particulier. Il ne fit pas construire l'Alcazar, il ne le fit pas même transformer, en dépit de son inscription gothique ; il se contenta d'y apporter quelques changements et quelques restaurations. Mais ce qui est bien son œuvre, c'est le cachet de personnalité qu'il y a laissé.

Versailles, c'est Louis XIV. L'Alcazar, c'est don Pedro.

Avec cette différence, bien entendu, que Versailles est le palais d'une royauté qui se comparait au soleil, tandis que l'Alcazar est celui d'une royauté qui se comparait à une hache. A Versailles, on respire librement, on pense, on rêve, on aime! A l'Alcazar, on étouffe, on tremble en admirant, et l'on ne retrouve le sourire qu'au moment où l'on sort! A Versailles, on est de cette époque guerrière, brillante, littéraire, amoureuse, qui répandit de son éclat sur toute l'Europe et de la gloire dans toutes les cours. A l'Alcazar, on est de ce siècle inquisiteur, sombre et taciturne qui ne parvint à jeter de la terreur que dans quelques provinces de l'Espagne.

Et si nous avons un instant comparé les deux palais entre eux, c'est qu'ils sont également grands tous deux, mais à des points de vue différents. Quant à Louis XIV et don Pedro, ils se ressemblent comme la nuit ressemble au jour, comme la chouette ressemble à l'aigle. Le don Pedro français, ç'a été Louis XI! L'un comme l'autre ont poursuivi la même œuvre, employé les mêmes moyens, détruit les grands et respecté les petits, rendu eux-mêmes la justice à leur manière, et laissé la même renommée terrible... tout en ayant cependant conquis la sympathie populaire... en un mot, ils ont été le même instrument providentiel dans la main du temps!

Le grand et riche portique dont nous venons de parler conduit au patio intérieur et principal, lequel est tout bonnement magnifique. Les cent quatre colonnes de marbre qui soutiennent la première et la seconde galerie sont d'une élégance et d'une grâce parfaites. Quant aux plafonds sculptés en bois précieux et ornés de stucs ravissants, ils font déplorer l'état de délabrement dans lequel on les laisse. Encore quelques années, et tous ces caprices, toutes ces fantaisies, toutes ces délicatesses auront disparu à jamais! C'est triste, et l'on regrette que ces souvenirs et ces trésors ne soient pas dans un pays où l'on sache les apprécier à leur juste valeur et les conserver pieusement.

Si nous avions l'Alcazar à Paris, nous le rendrions tout entier à son passé... et dans mille ans il serait encore l'Alcazar de don Pedro... Malheureusement nous ne l'avons pas. Raison de plus pour rappeler à l'Espagne que c'est là un des plus précieux joyaux de sa brillante couronne artistique, et que le laisser se perdre ce serait non-seulement faire acte d'absence de patriotisme, mais encore se rendre coupable, envers toute l'Europe intelligente, du plus grand de tous les crimes : le manque de respect aux chefs-d'œuvre, le vandalisme!

Car il est bien entendu (et nous nous montrons encore indulgent) qu'on ne saurait considérer comme des *restaurations* les quelques travaux exécutés récemment à l'Alcazar. Des choses d'un goût pareil s'appellent des sacriléges dans la langue de tous les pays civilisés du monde. Si vos ressources ne vous permettent pas de faire les choses comme elles doivent l'être, laissez tomber l'édifice en ruine dans toute sa grandeur passée, mais n'y touchez pas d'une main impie! Une belle ruine vaut mieux qu'un mauvais replâtrage! Les chefs-d'œuvre sont sacrés, on ne doit les aborder que religieusement.

En sortant de cet admirable patio, dont le sol est de marbre blanc, on pénètre dans le célèbre salon des Ambassadeurs, dont la beauté, la splendeur, la magnificence, dépassent tout ce que l'on peut imaginer. Nous ne connaissons, dans ce genre-là, rien d'aussi grandiose, d'aussi complet, d'aussi bien réussi. Architecture admirable, sculptures du goût le plus pur, peintures et ornements exquis, tout concourt à faire de ce vaste salon une chose merveilleuse et unique.

Parmi les portraits des reines d'Espagne qui décorent la frise, il en est un placé plus dans l'ombre, que l'on dit être celui de la poétique Maria de Padilla. Mais cet *on dit* nous paraît une supposition gratuite que rien ne justifie, et nous le donnons pour ce qu'il vaut. Il en est de même de la fameuse tache de sang que l'on aperçoit sur l'une des dalles, près de la porte intérieure de la même salle. On prétend que c'est du haut du balcon qui surplombe cette partie du sol que don Pedro assista au meurtre de don Fadrique. La chose est possible, sans doute, mais nous savons trop comment se pratiquent les taches de sang historiques, pour ne pas mettre en doute celle de l'Alcazar. Le marbre, prétend-on, prit la teinte du sang et ne put plus la perdre... mais si le marbre avait cet inconvénient ou cette qualité (comme on voudra), le sol de l'Alcazar de Séville ne serait plus blanc, il serait rouge! On y a répandu assez de sang pour cela!

Et puisque nous avons parlé de la mort de ce malheureux frère de don Pedro le Cruel, c'est le cas de laisser un peu la parole à l'histoire. Elle est plus émouvante ici dans sa simplicité laconique, que tous les récits dramatiques que l'on pourrait composer sur le même sujet : « Le maistre, dit-elle (c'était don Fadrique, le grand maistre de l'ordre de Santiago), arriva à Séville dans la matinée du mardi, et à peine arrivé, il s'en alla saluer le roi, qu'il trouva jouant aux dames dans son Alcazar. Dès qu'il fut entré, il baisa la main du roi, et après lui, tous les chevaliers qui l'accompagnaient. Le roi le reçut d'un air affable, et lui demanda quelle avait été sa dernière couchée, et s'il avait un bon logis. Le maistre répondit qu'il venait de Cantillana, qui est à cinq lieues de Séville ; que de son logis, il n'en savait encore rien, mais qu'il avait lieu de croire qu'il en serait content. Le roi lui dit d'aller s'en occuper et de revenir ensuite le retrouver. Le roi disait cela, parce que le maistre était entré fort accompagné à l'Alcazar. Le maistre alors se retira et s'en fut voir doña Maria de Padilla et les filles du roi, qui habitaient un autre appartement de l'Alcazar, qu'on appelle du *Colimaçon*. Doña Maria savait tout ce qui avait été tramé contre le maistre, et quand elle l'aperçut elle fit voir un visage si triste que pas un ne put s'y méprendre, car c'était une dame de bonne et douce nature, et qui n'approuvait pas tout ce que le roi faisait, et d'avance elle était toute marrie de la mort qu'elle savait devoir être donnée au maistre. Lorsque celui-ci eut pris congé de doña Maria de Padilla et des filles du roi, ses nièces, il retourna dans la cour de l'Alcazar, où il avait ses mules, pour se mettre en quête de son logis et y installer tout son monde; mais, en entrant dans la cour il n'y trouva plus ses bêtes; les portiers du roi avaient fermé les portes après avoir mis dehors toutes les mules. On leur avait donné cet ordre afin d'écarter tout le monde. Le maistre ne savait que résoudre, et s'il devait retourner vers le roi, lorsqu'un de ses chevaliers, nommé Suer Gutierrez de Novales, qui était astucieux, soupçonnant quelque trahison à tout ce mouvement qu'il apercevait dans l'Alcazar, dit au maistre :

« Messire, la petite porte du corral est encore ouverte, sortez ; les mules ne nous manqueront pas. »

Et il le lui répéta à plusieurs reprises, car il était persuadé que le maistre une fois sorti de l'Alcazar trouverait peut-être à s'échapper, ou que du moins on ne le prendrait pas sans que bon nombre des siens se fissent tuer pour le défendre. Sur ces entrefaites, vinrent au maistre deux chevaliers, deux frères, Fernand Sanchez et Juan Fernandez de Tovar, qui ne savaient rien de ce qui se passait, et qui, de la part du roi, dirent au maistre :

« Messire, le roi vous mande. »

Le maistre retourna sur ses pas pour aller au roi, un peu troublé déjà, car il pressentait quelque malheur. On le laissa rentrer dans le palais, mais, cette fois, sans ceux qui l'y avaient accompagné la première, ceux qui avaient la garde des portes ayant donné l'ordre aux portiers de n'admettre que lui. Le maistre se dirigea ainsi du côté où était le roi. Don Fadrique n'avait alors avec lui que le maistre de Calatrava, don Diego Garcia, qui ne savait rien de ce qui allait se faire, et deux autres chevaliers. Le roi se tenait alors dans une partie du palais appelée *del Yeso* (ou del Fierro), dont la porte était fermée. Les deux maistres arrivèrent à la porte de l'appartement, et voyant qu'on ne leur ouvrait pas, ils s'arrêtèrent à l'entrée, mais Pedro Lopez de Padilla, grand arbalétrier du roi, se tenait en dehors avec les deux maistres. On ouvrit alors la petite porte de l'appartement, et le roi dit à Pedro Lopez, son arbalétrier :

« Pedro Lopez, arrêtez le maistre. »

Pedro Lopez lui répondit :

« Lequel faut-il arrêter ?

— Le maistre de Santiago, » dit le roi.

Et aussitôt Pedro Lopez mit la main sur don Fadrique et lui dit :

« Vous êtes mon prisonnier. »

Le maistre resta tout décontenancé, et sur-le-champ le roi dit à des arbalétriers qui se tenaient là :

« Arbalétriers, tuez le maistre de Santiago. »

Les arbalétriers n'osaient encore obéir ; mais un des serviteurs de la chambre du roi, nommé Ruy Gonzalez de Atienza, lequel était dans la confidence, cria :

« Traîtres, que faites-vous? n'entendez-vous pas que le roi vous commande de tuer le maistre? »

Et ceux-ci, alors, voyant que telle était la volonté du roi, commencèrent à lever leurs masses pour en frapper don Fadrique.

Ils étaient quatre : Nuñez Fernandez de Roa, Juan Vicente, Garci Diaz de Albarracin et Rodrigo Perez de Castro. Ce que voyant, le maistre de Santiago se dégagea par un mouvement brusque de Pedro Lopez de Padilla, qui l'avait arrêté, et s'élança dans le corral ; il porta la main sur la garde de son épée, mais la croix s'en était prise dans le manteau de l'ordre, et jamais il ne put la tirer. Les arbalétriers vinrent sur lui la masse haute ; le maistre, pour les éviter, courait de côté et d'autre, de sorte qu'ils ne pouvaient l'atteindre ; cependant Nuño Fernandez de Roa, qui le serrait de plus près que les autres, le joignit et lui porta un coup à la tête, dont il tomba par terre, et alors arrivèrent les autres, qui tous se mirent à le frapper.

Dès que le roi vit don Fadrique abattu, il sortit de l'Alcazar, espérant trouver quelques-uns de ceux du maistre pour les tuer ; mais il n'en aperçut aucun. Quand le maistre était revenu sur ses pas, rappelé de la part du roi, la plupart n'avaient pu entrer, ayant trouvé la porte gardée, et ceux qui avaient pu passer avaient pris la fuite ou s'étaient cachés. Le roi ne trouva qu'un écuyer du nom de Sancho Ruiz de Villegas, qu'il découvrit dans l'appartement du *Colimaçon*, où se tenait doña Maria de Padilla, avec les filles du roi. Ledit Sancho Ruiz s'y était réfugié quand il avait entendu que l'on tuait le maistre. Au moment où le roi entra dans la chambre, Sancho Ruiz prit dans ses bras doña Béatrix, fille du roi, croyant par là échapper à la mort. Mais le roi fit arracher l'enfant de ses bras, et le frappa lui-même d'une dague qu'il portait à la ceinture, assisté dans ce meurtre par Juan Fernandez de Tovar, ennemi particulier dudit Sancho Ruiz. Ce dernier étant mort, le roi retourna où il avait laissé le maistre, et le trouva qui respirait encore ; il tira sa dague de sa ceinture et la donna à un Maure de sa chambre pour l'achever. Cela étant fait, le roi se mit à table, et dîna près de l'endroit où le maistre était encore gisant, dans une salle basse, appelée de *los azulejos.* »

Ceci est du don Pedro le *Cruel* tout pur, et non du don Pedro le *Justicier.*

Il est vrai que pour rendre moins odieuse la mort de don Fadrique, on suppose à ce dernier un tort beaucoup plus grave que les désobéissances à lui reprochées par son frère le roi. On en fait tout simplement l'amant de Blanche de Bourbon. La vérité est que, sans être trop médisant, on peut soutenir cette thèse... puisque, selon Ortiz de Zuñiga, le grand chroniqueur de Séville, « les descendants de don Fadrique, au nombre desquels figurent aujourd'hui presque tous les princes et rois de l'Europe, se glorifient de ce que don Alonso, fils de ce prince, *naquit de Blanche de Bourbon.* »

Seulement, nous demanderons avec M. de Latour (dont nous avons souvent consulté l'excellent ouvrage) s'il est bien probable que l'amant, le mari secret de Maria de Padilla, prit si vivement à cœur une semblable infortune conjugale? Qu'il eût été jaloux de Maria de Padilla, qu'il aimait, cela se comprendrait, mais qu'il se soit beaucoup occupé du cœur et des amants de sa femme, pauvre reine qu'il retenait captive dans son château de Medina Sidonia, c'est par trop invraisemblable. D'ailleurs qu'avaient à voir dans l'infidélité, cent fois justifiée et naturelle, de Blanche de Bourbon, les seigneurs et les serviteurs de la suite de don Fadrique, que le roi fit rechercher pour les livrer aux assassins de son frère?

Non, don Pedro fut froidement cruel, comme cela lui arrivait par malheur un peu trop souvent, et il le fut probablement sans motif, sans rime ni raison, parce que tel était son bon plaisir; — car c'était alors le régime du *bon plaisir*.

IX.

LE JUSTICIER.

Galerie supérieure de l'Alcazar. — Améliorations malheureuses qui y ont été faites. — Rêves et réalités. — Les jardins. — Aspect général. — La chapelle et sa prétendue porte secrète. — Encore don Pedro et Maria de Padilla. — Le Justicier. — Trois anecdotes. — Ce qu'elles prouvent. — La maîtresse du roi. — Ce qu'elle était réellement. — Elle fut nommée reine après sa mort. — Charles-Quint. — La dernière grande page de l'Alcazar. — La salle basse où furent célébrées, par le cardinal Salviate, les fiançailles de l'empereur et de l'infante de Portugal. — Récit de Sandoval. — Et tout finit à la façon des vaudevilles.

La galerie supérieure de l'Alcazar ne répond pas à celle du rez-de-chaussée; on n'y trouve rien de remarquable, et l'on déplore au contraire les quelques changements qui y ont été apportés pour la rendre habitable, quand le duc et la duchesse de Montpensier sont venus s'y installer.

Nous demanderons, par exemple, quel beau rôle peut jouer une cheminée prussienne dans l'une de ces vastes salles qui ont un instant servi de cadres aux grandes figures de saint Ferdinand, de D. Pedro et de Charles-Quint? Et comme c'est une chose bien poétique que de

7.

retrouver dans ce palais mauresque, encore plein de ses splendeurs et de ses amours passées, les souvenirs récents de notre triste et bourgeoise existence moderne ! Cela produit l'effet d'une *cuisine anglaise* au milieu d'un jardin de fées. Vous voguez à pleines voiles dans le pays enchanté des rêves, et l'on vous rappelle brusquement sur la terre. Mais ce que l'on n'est pas encore parvenu à gâter, c'est la délicieuse vue des jardins dont on jouit du haut des balcons. Ces bouquets de citronniers et d'orangers, ces massifs de buis, ces bassins, ce petit pavillon arabe élevé par ordre de Charles-Quint, cette entrée des bains souterrains de Maria de Padilla, cette élégante galerie mauresque qui forme ceinture, et ce ciel, cet admirable ciel andalou, qui complète le tableau, produisent un des coups d'œil les plus ravissants et les plus pittoresques que l'on puisse imaginer. Le pinceau de Diaz n'a jamais rêvé rien d'aussi vaporeux, d'aussi poétique.

C'est également au premier étage que l'on aperçoit la chapelle où don Pedro allait dévotement entendre la messe après avoir envoyé dans un monde meilleur les victimes de sa justice expéditive. Près de l'autel est une petite porte dérobée, comme il y en a dans presque toutes les chapelles de ce genre, et par laquelle le prêtre devait entrer... Le cicérone vous raconte naïvement que c'est par là que don Pedro se rendait *mystérieusement* chez doña Maria de Padilla...

Le *mystérieusement* nous paraît au moins de trop. Don Pedro, qui fit enfermer sa femme dans son château de Medina Sidonia sans autre forme de procès, et afin de pouvoir vivre tranquillement avec Maria de Padilla, n'était pas homme à y mettre tant de façons et à promener ses amours dans les petits coins de son palais. C'était au grand jour qu'il était adultère, et il s'occupait aussi peu de l'opinion des gens de sa maison que de celle de ses sujets et des bulles du pape. Les têtes de cette trempe ne font rien à demi, et ne connaissent pas d'autres lois que leur volonté.

Le règne de don Pedro, on se l'imagine aisément, est fécond en récits et anecdotes de tous genres. Nous en rapporterons deux ou trois qui nous paraissent bien peindre le *Justicier*.

Un soir, — n'était-ce réellement pas plutôt un très-grand matin? — Sa Majesté Très-Catholique sortait furtivement d'une maison qui ne ressemblait nullement à l'Alcazar, et d'une chambre qui ressemblait moins encore à celle de Maria de Padilla. Dieu nous garde de la coupable pensée que le sévère *Justicier* eût laissé son manteau aux mains de quelque Laïs sévillanaise! Ce qu'il y a de positif pourtant, c'est qu'il fut assez mécontent d'avoir été rencontré en pareil lieu et à pareille heure, et que pour apprendre à vivre au maladroit qui n'avait pas craint de le reconnaître, il lui cloua l'âme au fond de la gorge d'un vigoureux coup d'épée. Mais le lendemain, à son petit lever, le roi se souvint de ce crime et ordonna à l'alcade mayor de rechercher le coupable. Malheureusement, les alcades se sont toujours ressemblés, et l'assassin ne fut pas découvert.

A quelque temps de là, don Pedro, qui aimait assez à se mêler incognito aux groupes populaires, entendit un jour un charbonnier qui pérorait au milieu d'un cercle de beaux parleurs de son espèce.

Ce charbonnier disait entre autres choses sensées :

— Oui, mes amis, l'alcade mayor est une bête...

Don Pedro fit de la tête un signe involontaire d'assentiment.

— Et si j'étais à sa place, — continua l'orateur, — il ne se commettrait plus à Séville de meurtres, qu'ils ne fussent aussitôt punis...

Le roi prit le signalement du charbonnier, s'informa adroitement de son nom, de sa demeure, puis s'éloigna comme si rien n'était, et le fit appeler le lendemain de bonne heure. Le pauvre homme se rendit au palais tout tremblant, la face aux trois quarts débarbouillée, et aussi rouge que noire. Don Pedro l'apostropha aussitôt en ces termes :

— Tu t'es vanté hier au soir que si tu étais l'alcade mayor de Séville, il n'y aurait plus pour la justice de meurtriers inconnus... Bien! tu es l'alcade mayor, commence ton office, et tâche d'agir aussi bien que tu parles... seulement, souviens-toi d'une chose, c'est que si tu ne me découvres pas l'homme qui en tua un autre, il y a quelques nuits, à l'endroit que tu sais, je te ferai décapiter. — Le charbonnier s'inclina profondément, et se retira assez embarrassé de l'honneur que venait de lui faire le roi.

— Sainte Vierge! — se disait-il tout en cheminant et se grattant l'oreille, — je me suis beaucoup avancé... et le métier d'alcade n'est pas aussi attrayant que je me l'étais figuré...

Cependant, en songeant de la sorte, il se mit en devoir de commencer ses recherches. Retrouver le coupable n'était pas chose aussi facile qu'il l'avait cru d'abord, et cela par la raison que connaît le lecteur; mais à force d'interroger, de s'enquérir, d'aller et de venir, notre charbonnier finit par apprendre qu'il y avait dans une rue, aujourd'hui appelée *del Candilejo* en souvenir de cette aventure, une pauvre vieille femme qui avait vu commettre le crime qui l'intéressait; de là à la vérité il n'y avait qu'un pas, et ce pas fut bientôt franchi. En conséquence, le nouvel alcade mayor se rendit à l'Alcazar, pour instruire le roi du résultat de ses démarches.

— Eh bien? — lui demanda don Pedro.

— Sire, j'ai découvert le coupable! — répliqua-t-il.

— Ah! ah! — fit le Justicier en arrêtant sur le charbonnier un long regard scrutateur, — en ce cas, que justice se fasse!

Et justice se fit en effet; seulement, voici comment :

Une effigie en pierre de don Pedro fut décapitée à l'endroit même où avait été commis le crime, et aujourd'hui encore on voit ce buste, séparé de la tête, dans une petite niche de la rue, nommée depuis rue *de la tête de don Pedro*. Il y a de nombreuses variantes de cette anecdote ; nous avons choisi la plus généralement répandue.

Une autre fois, il s'agissait d'un prêtre qui s'était refusé à faire l'enterrement d'un pauvre. Le Justicier prit immédiatement une décision aussi expéditive qu'énergique. Il fit creuser une large et profonde fosse, y fit jeter vivant le prêtre récalcitrant avec la bière du pauvre qu'il avait refusé d'inhumer, ordonna de couvrir le tout de terre... puis rentra à l'Alcazar on ne peut plus satisfait de sa journée.

A partir de ce moment, ajoute candidement la chronique, les prêtres se montrèrent très-empressés d'enterrer les pauvres.

Enfin, un homme du peuple étant venu se plaindre un jour au roi de rapports criminels qu'un chanoine de la cathédrale entretenait avec une de ses parentes et d'un crime commis par ce même chanoine et cette parente sur la personne de son frère, il donna, séance tenante, à cet homme l'autorisation d'aller attendre le prêtre à la porte du lieu saint, et de le tuer en pleine procession. Ce qui fut exécuté à la lettre le dimanche suivant.

Bref, on pourrait multiplier à l'infini les citations de ce genre. Toutes, sans doute, ne sont pas exactes ou vraies; mais plusieurs néanmoins peuvent être acceptées comme faisant partie de l'histoire, et expliquent en quelque sorte ce nom de *Justicier* donné par le peuple à don Pedro. C'était de la justice cruelle, barbare, assurément, mais enfin c'était de la justice, et les rois y avaient alors si peu habitué leurs sujets!...

A côté de cette sombre figure de don Pedro, celle de Maria de Padilla se détache plus pure, plus douce, plus poétique. C'était une femme « de haut lignage, belle, petite de corps et de bon entendement. » Sa vie durant, elle fit le plus de bien qu'il lui fut possible, usant de toute son influence sur le cœur farouche de son royal amant pour adoucir ou empêcher certains arrêts cruels. Elle n'y réussit pas toujours, tant s'en faut; mais du moins elle eut le rare mérite de ne jamais se fatiguer d'essayer... Pauvre femme! que de larmes durent parfois cacher ses sourires! Vivante, le roi l'avait aimée avec passion; morte, il la pleura amèrement, et le titre de reine lui fut décerné sur sa tombe. Hélas! que fait une couronne sur un cercueil!...

De don Pedro à Charles-Quint la transition est brusque, mais ce sont les fiançailles de ce dernier prince avec l'infante de Portugal qui forment la dernière page de l'Alcazar, et nous devons, à regret, fermer déjà le livre. Cette auguste et imposante cérémonie eut lieu dans la grande salle, située au-dessus des bains de Maria de Padilla. On ne peut s'empêcher, une fois dans l'embrasure de ces fenêtres cintrées, de se rappeler la scène vraiment royale qu'elles éclairèrent les 3 et 12 mai 1526, jours de l'entrée de la jeune princesse à Séville et de sa présentation solennelle à la noblesse, qui eut lieu le lendemain des fiançailles. Au sujet de ces dernières, nous nous contenterons de reproduire le récit qu'en fait Sandoval.

Le duc de Calabre, raconte-t-il, et les autres personnes désignées allèrent à Badajoz, frontière de Portugal, au-devant de l'infante doña Isabel, qui déjà prenait le titre d'impératrice. Son frère, don Juan III, roi de Portugal, l'accompagna une partie du chemin, et, lorsqu'il crut devoir s'arrêter, il la laissa aux mains de ses frères, qui l'étaient aussi de la fiancée, les infants don Luis et don Fernando, ainsi qu'au duc de Bragance, au marquis de Villaréal, et aux autres chevaliers de ce royaume, lesquels vinrent avec l'impératrice jusqu'à la ville de Geldes ou Yelves, à trois lieues de Badajoz, où ils la remirent à ceux de Castille.

Ceux-ci étaient partis de Badajoz avec tout leur monde en grand gala, et au moment où ils approchèrent de la frontière de Portugal, les infants se mirent en marche avec l'impératrice leur sœur, qui, à trente ou quarante pas en deçà de la frontière, descendit de sa litière, et se mit en selle sur une haquenée blanche. Alors, tous les Portugais se détachèrent et vinrent, chacun selon son rang, lui baiser la main et prendre congé d'elle. Cela étant fait, les infants se portèrent avec l'impératrice à la frontière de Castille, où les seigneurs de ce royaume, mettant pied à terre à leur tour, vinrent baiser la main de leur souveraine, comme avaient fait les Portugais. Ensuite, ayant repris leurs chevaux, ils formèrent avec les Portugais et les infants un grand cercle au milieu duquel l'impératrice resta seule. Alors, le duc de Calabre, l'archevêque de Tolède et le duc de Béjar s'avancèrent jusqu'au lieu où était l'impératrice, et tous trois mettant le chapeau à la main, le duc de Calabre dit :

« Que Votre Majesté veuille bien entendre dans quel but nous sommes venus ici par l'ordre de l'empereur notre maistre, qui est le même pour lequel elle-même est venue.

— Votre Majesté a entendu ceci, j'attends ses commandements. »

L'impératrice étant demeurée calme et silencieuse à tout, l'infant don Luis prit la bride de la haquenée des mains de sa sœur et dit au duc :

« Je remets à Votre Excellence madame l'impératrice, au nom du roi de Portugal, monseigneur et frère, en qualité d'épouse actuelle de Sa Majesté l'empereur. »

Et, parlant ainsi, il quitta la place qu'il occupait à la

droite de l'impératrice, et le duc de Calabre s'étant approché, prit la bride des mains de l'infant et dit :

« Et moi, seigneur, je reconnais avoir pris livraison de Sa Majesté l'impératrice, au nom de l'empereur. »

La cérémonie s'étant achevée au bruit des cymbales, des trompettes et des flûtes, les infants s'approchèrent pour baiser la main de l'impératrice et prendre congé d'elle. Elle les embrassa avec grande tendresse. On se quitta de part et d'autre avec les mêmes démonstrations, et il ne resta que le marquis de Villaréal, un des grands seigneurs de Portugal, qui, avec d'autres chevaliers de sa nation, voulut accompagner l'impératrice.

Les Castillans reprirent, avec leur jeune souveraine, le chemin de Badajoz, où sa présence fut célébrée par des fêtes solennelles, qui durèrent sept jours. Elle partit ensuite pour Séville, où elle arriva avant l'empereur, un samedi, le 3 mai de cette même année 1526. Elle y fut accueillie avec les mêmes fêtes que l'on avait préparées pour l'empereur, et qui furent telles qu'on les pouvait attendre de la grandeur de Séville. Huit jours après, l'empereur fit son entrée avec la même pompe, et, la même nuit, le cardinal Salviati, légat du pape, les fiança dans la grande salle basse de l'Alcazar, en présence des grands et de tous les prélats qui purent être présents. L'impératrice parut à tous une des plus belles personnes du monde, comme elle était en effet, et comme on le voit par ses portraits. Les fiancés soupèrent séparés, chacun dans son appartement, et, après minuit, la piété et la chasteté de l'empereur le voulant ainsi, on dressa un autel dans une chambre, et l'archevêque de Tolède, qui était resté pour cela, y dit la messe et les maria. Ils s'étaient désignés pour parrains le duc de Calabre et la comtesse de Haro, veuve d'un grand seigneur de Portugal, et camarera mayor de l'impératrice. La messe achevée, les nouveaux époux prirent congé de l'archevêque et du duc, et se retirèrent dans leur appartement.

X.

LES THÉATRES.

Citation prise dans un ouvrage que l'on a dit à l'auteur être écrit en français par un professeur de littérature dans cet idiome. — Pourquoi tant d'Espagnols écorchent notre langue. — La vérité promise. — Le théâtre principal. — Son répertoire. — Les acteurs. — Les Ossorio. — Un peu de critique dramatique. — Saint-Ferdinand. — La salle. — Ce qu'on y admire et ce qu'on n'y admire pas. — Mêmes réflexions qu'au sujet du théâtre principal. — Garc'a Parreño. — Capo. — La señorita Murillo. — Ce que c'est qu'un papier en Espagne. — Les zarzuelas. — Comment elles se confectionnent. — Manière commode de faire de la musique. — L'*Omelette fantastique* transformée en opéra espagnol. — M. Barbieri. — La zarzuela dévoilée. — La musique andalouse — Os ar de la Cinna. — Un vieux proverbe toujours jeune.

Le théâtre appartient à notre trop rapide étude par plus d'un côté, et comme nous avons la bonne habitude de ne jamais nous tracer de plan et de marcher au hasard, à la façon des maraudeurs de grands chemins, prenant notre bien un peu partout où nous le trouvons, nous ne voyons pas pourquoi nous laisserions échapper l'occasion de le traiter ici.

Il y a donc à Séville — nous allons étonner beaucoup de monde, surtout sur les rives du Guadalquivir — cinq théâtres, non compris le vaste cirque où ont lieu les courses de taureaux. Ce sont :

Le théâtre Saint-Ferdinand; le théâtre Principal, ainsi nommé parce qu'il est le second ; le théâtre d'Hercule ; l'Amphithéâtre ; le théâtre de Triana. De ces cinq théâtres, trois sont à peu près inconnus, si nous ne nous trompons (et méritent de l'être), des habitants de Séville. Deux seulement attirent quelquefois la foule, et encore, sur ces deux-là, un seul est-il vraiment digne du nom de théâtre, celui de Saint-Ferdinand.

Nous ne pouvons résister au plaisir de reproduire ici la description que fait de ces deux édifices un petit ouvrage sur Séville, que l'on nous a dit être écrit en français, et que nous avons eu le rare bonheur de posséder un instant entre les mains.

Voici comment s'exprime ce morceau de solide prose, dont nous respecterons religieusement jusqu'à l'orthographe et la ponctuation :

« L'architecte *D. Melcho Cano* fit la *trace* et dirigea l'ouvrage de cet édifice (Le théâtre Principal). Le parterre a 75 pieds de longueur sur 57 de largeur. Le parquet contient 325 stalles entourées de *la baignoire* avec 26 loges. Au *premier* étage sont les premières loges au nombre de 26; et au *second* étage, en face de la scène, est une galerie destinée exclusivement *pour* les femmes, et 16 loges lattérales, 8 de chaque côté, appelées secondes loges. Tout autour du troisième étage, il y a une galerie en forme d'amphithéatre pour hommes et femmes. Le Théâtre est éclairé par 34 lampes solaires. La scène, c'est à dire, *la partie du Théâtre où les acteurs représentent devant le public,* à 45 pieds de longueur; la largeur, entre les deux premières coulises, en a 30, et celle comprise entre les deux dernieres coulises en a 20. La hauteur du Théâtre jusqu'au plafond est de 39 pieds. Au second étage il y a un *Salon d'agrement, richement ornée de 45 pieds de longueur sur 21 de largeur,* et salle à toilete pour les dames. On a peint dernièrement en blanc le dehors des loges et des galeries, avec quelques ornements en or, et l'intérieur en un bleu ciel *trés agréable* à l'œil. Le commencement de l'ouvrage eut lieu l'an 1832 et fut fini en 1834. On y dépensa 135,000 francs les décorations y comprises.....

» Le Théâtre Saint Ferdinant a remplacé l'ancien hotel Saint Esprit. Il est a la rue *Colcheros*. On l'étrenna l'an 1847. Mrs. Steinacker (nom caractérisque en allemand) et Rault, ingenieurs français, en levèrent le plan dont ils furent chargés par les propriétaires, *Don Julian José Sanchez* et *Don José de Caso*. On croit *à présent* que ce Théâtre a une valeur de six à sept millions de reaux. La façade est d'un style moderne, quoique simple elle est bien conçue : l'effet en est remarquable. Elle a une base de 160 pieds. L'entrée est à trois portes avec des marches pour y monter : *c'est que* le Théâtre a son rez de chaussée plus élevé que le plain pied de la rue. Le vestibule est tres ample : il a trois portes intérieures face à face des entrées. On y voit à droite et à gauche deux larges escaliers qui aboutissent en haut à un grand salon rectangulaire, dont le toit tres élevé, le pavé en marbre, et les riches colonnes, sont des détails d'un gout qui offre une beauté parfaite en son genre. Le Théâtre a au dedans cette forme curviligne qui simile un *fer de cheval.* Le parterre a l'entrée dans son centre, vis-a-vis le rideau, et il en a deux autres au côté, près l'endroit ou l'orchestre est placée. Quatre cents douze fauteuils occupent tout ce parterre. Il est entouré de belles loges avec des balustres en fer doré. L'entresol a 30 loges à l'entour : il a au devant un amphithéatre qui renferme 90 siéges en acajou garnis de velours cramoisi.

» L'*accouloir* est blanc avec des reliefs en or; les loges de l'étage principal ne diffèrent de celles de l'autre. Le second étage n'a des loges que d'un côté : le reste est occupé par les rangs de siéges, dit *tertulias.* Le dernier étage est le lieu nommé en France *Paradis*, et en Espagne, *cazuela.* Enfin, il y a sur la scène huit loges qui appartiennent aux divers étages du Théâtre. Elles sont remarquables par leurs divers ornements. Le *plancher* du Théâtre est peint a l'oriental et il feint la coupôle d'un beau Kiosque. Vous verrez accroché à son centre, la grande lampe à 150 mèches *qu'on allume tous les soirs.* Au surplus, il y a quatre lustres pour les illuminations extraordinaires. La scène a 70 pieds de long sur 55 de large : on peut y jouer tous les spectacles, *même les* plus compliqués. Ce Théâtre renferme un riche *recueil* de décorations très estimables. La fondation de ce colissé *représente un grand progrès* : la bonne société s'y rend toute entière. Le théâtre peut contenir 2300 à 2400 spectateurs. »

Nous demandons pardon à nos lecteurs de leur avoir donné ce léger échantillon du savoir d'un *professeur de langue et de littérature françaises à Séville*, mais il leur aidera à comprendre pourquoi un si grand nombre d'Espagnols croyant avoir étudié à fond notre idiome, sont encore loin de la perfection. Seulement, il faut convenir que les Français savent encore bien moins l'espagnol.

Nous dirons la vérité sur les théâtres de Séville ainsi que sur tout le reste. Celui appelé *Principal*, parce qu'il était jadis l'unique, est fort petit, fort sale, fort laid et fort mal éclairé, en dépit de la brillante improvisation de notre *professeur de langue et de littérature françaises*.

C'est un *Bobino* allongé, mais un *Bobino* qui vise à l'*Ambigu-Comique*. On y joue en général de mauvaises traductions de nos plus détestables mélodrames ; les acteurs ne se doutent guère de ce que c'est que la scène, et les décorations rappellent, en moins bien, celles du *Petit Lazari*. C'est dire au lecteur, accoutumé à la bonne prose, aux situations ingénieuses, aux acteurs dignes de ce nom, aux mises en scène irréprochables, que nous ne lui conseillons pas de faire exprès le voyage de Séville pour assister à une *grande fonction* (c'est l'expression consacrée) du théâtre principal.

Soyons juste pourtant, et disons bien vite que nous avons applaudi là, au printemps dernier, un très-joli trio artistique ayant nom *Ossorio,* frères et sœur, mais c'était un trio voyageur, un trio *Madrileño.* Ces trois oiseaux de passage, nés à Séville, attachés à l'un des théâtres de la cour, et qui venaient simplement faire une tournée dramatique en Andalousie, possèdent un véritable talent : bonne diction, physionomie, tenue irréprochable, habitude des planches, élégance, distinction, feu sacré! Malheureusement pour ces acteurs, fort jeunes encore et qui seraient pleins d'avenir... ailleurs... il n'y a plus de répertoire espagnol en Espagne. Les pièces françaises qu'on fait jouer aux acteurs de ce pays, en changeant l'époque, le costume, le lieu de l'action, le nom des personnages, et quelquefois même en intervertissant les rôles eux-mêmes, ne présentent plus que des compositions informes, incolores, vagues, où un artiste a bien de la peine à saisir un type, une physionomie, à créer un personnage.

Nous engageons de toutes nos forces le théâtre espagnol, jadis si riche, à renoncer à ce système de copies et de mutilations qui n'est profitable ni à l'œuvre contrefaite, ni à la scène sur laquelle on la transporte. Sans doute, pour nous c'est un sujet d'orgueil de voir notre théâtre devenir celui de toute l'Europe et même des deux mondes, car ce qui arrive en Espagne arrive aussi en Italie, en Allemagne, en Angleterre, en Russie, et jusqu'en Amérique, mais nous aimons surtout les œuvres originales et vivantes en littérature ; or, nous le demandons franchement, comment une comédie, un drame, un opéra-comique, un vaudeville français, habillés successivement à la prussienne, à la russe, à l'anglaise, à l'italienne et à l'espagnole, sauraient-ils avoir encore quelque valeur, quand très-souvent tout leur mérite consiste dans un certain parfum de terroir, une critique locale, un trait de mœurs nationales, une étude de caractère?

Nous ferons la même remarque au sujet de ce genre moderne, bâtard, que Madrid a honoré d'un théâtre spécial et qu'on appelle la *Zarzuela;* mais avant, entrons à Saint-Ferdinand. Cette salle, construite par l'ingénieur français auquel Séville doit son beau pont sur le Guadalquivir, serait fort remarquée dans tous les pays du monde, et passe avec raison pour l'une des plus belles d'Espagne. Coupe élégante, colonnes à la fois solides et légères, cintres gracieux, scène vaste et profonde, dispositions acoustiques excellentes, magnifique parterre, tout est bien dans ce bel édifice, excepté... ce qu'on y voit et ce qu'on y entend! Nous avons suivi pendant dix-huit mois les représentations de ce théâtre, et nous n'avons pas assisté pendant ce long espace de temps à une seule qui fût au-dessus du médiocre.

Opéras italiens, zarzuelas espagnoles, comédies, drames, pièces de tous genres en vers et en prose, ce n'a été qu'un immense et perpétuel *auto-da-fé,* une immolation sans trêve ni merci sur nous ne savons quel autel sans nom. Là encore, cependant, deux ou trois artistes ne prenaient pas part aux sacrifices.

Le premier s'appelait *Garcia Parreño,* si nous ne nous trompons, et ne manquait ni de finesse, ni de verve, ni d'originalité. Nous l'avons vu tour à tour faire avec un véritable talent des *papiers* (en Espagne, on ne dit pas *jouer un rôle,* mais *faire un papier*) d'un caractère très-différent, et appartenant aux répertoires de Bocage, de Bouffé et d'Arnal.

Le second avait nom : *Capo.* C'était un comique plus franc, plus vif, plus leste, plus *comédien,* mais ce n'était qu'un comique, et de plus, il se ressemblait dans tous ses *papiers;* quand on l'avait *vu* dans l'*Étoile du Nord,* on pouvait se dispenser d'aller le *voir,* dans le *Sergent Frédéric,* ou le *Secret de la Reine.* Nous nous servons avec intention du mot *voir,* bien qu'il s'agisse d'un chanteur, parce qu'en Espagne les chanteurs se dispensent généralement de chanter. Il est vrai que, par un échange de procédés réciproques, le public se dispense de les écouter, ce qui fait qu'ils ne se doivent rien. D'ailleurs, M. Capo n'est nullement un ténor et moins encore un baryton ou une basse; seulement, il *fait des papiers* de zarzuela, parce qu'il est comique (gracieux, disent les Espagnols), et que les comiques ou les gracieux doivent l'être toujours et partout, sans distinction de genre ou de répertoire. Telle est du moins l'explication qu'on nous a donnée.

La troisième exception que nous avons remarquée, était une jeune fille, fort élégante et fort jolie (ce qui ne gâte jamais rien... surtout au théâtre), et qui avait à soutenir une rude renommée, la renommée si juste, si brillante et si universelle de ***Murillo***. Elle n'était pas parente du grand peintre. Il y avait pour cela, disait-on, une foule de raisons excellentes, parmi lesquelles on citait triomphalement celle-ci, à savoir que le dernier ***Murillo*** avait été ***abbé***... Mais le seul nom de ***Murillo***, surtout à Séville, est déjà bien lourd à porter, et la jeune artiste dont nous parlons, douée d'une voix flexible, juste et agréable, s'en acquittait avec grâce et gentillesse, et nous ne doutons pas qu'avec du travail et un peu de vraie musique, elle ne puisse fournir (qu'on nous pardonne l'expression) une très-honorable carrière. Nous ajouterons qu'elle possède un talent de peintre fort distingué, et qu'elle copie les Vierges et les enfants Jésus de son immortel homonyme d'une façon heureuse et réellement suave.

Et maintenant revenons à la zarzuela. Voici comment ce genre d'olla podrida se confectionne. On prend un livret d'opéra-comique français, ou un vaudeville du Gymnase ; on le traduit, en retranchant généralement deux ou trois personnages et la plupart des scènes d'un effet un peu trop compliqué ; on y ajuste une sorte de musique, empruntée, çà et là, à toutes les romances, rondeaux, airs, chants populaires, etc., etc., qui courent les rues, chez nous, sur les orgues de Barbarie ; on frappe les trois coups, on lève le rideau, et voilà une zarzuela. Nous sommes sévère, mais la complaisance n'est pas permise dans les choses d'art, et nous défions qu'on nous cite une seule zarzuela espagnole qui ne soit pas une traduction défigurée ou une compilation maladroite des opéras français et italiens.

Nous nous contenterons de citer l'*Étoile du Nord,* les *Diamants de la Couronne,* le *Val d'Andorre,* le *Sergent Frédéric,* le *Secret de la Reine,* la *Citerne enchantée,* le *Postillon,* et nous demanderons comment il est possible que des *professeurs* (c'est le nom qu'on donne en Espagne aux compositeurs) aient eu le triste courage de porter une main profane sur ces œuvres charmantes d'Auber, Halévy, Meyerbeer, Adam et Thomas? Que dirait-on d'un barbouilleur d'enseignes qui effacerait les toiles de *Murillo, Velasquez* ou *Cano,* pour les repeindre? Enfin cette manie de refaire des habits neufs avec de vieux habits est poussée si loin chez nos voisins d'outre-Pyrénées, qu'ils vont chercher leurs opéras-comiques jusque sur les tréteaux du Palais-Royal. Ainsi, un jour, on donnait l'*Amour et le déjeuner,* zarzuela du maestro nous ne savons plus qui. Nous nous rendons au théâtre, et quel est notre étonnement en reconnaissant.... devinez quoi ! nous vous le donnons en cent !... l'*Omelette fantastique !*

Cependant, l'idée une fois admise, on pouvait tirer de ces situations burlesques un parti assez heureux, peut-être, au point de vue bouffe, et c'est là que nous attendions notre *professeur*. Il ne nous fit pas attendre longtemps, c'est une justice à lui rendre...

Dès la première scène, nous entendons l'orchestre et l'actrice en scène entonner majestueusement l'air : ***Marie, trempe ton pain...*** Le motif qui suivait était une romance de ***Paul Henrion,*** et le duo qu'il amenait avait pour parrain le ***Maître de Chapelle.*** Nous avouons qu'ici la plaisanterie nous parut un peu trop forte, et que nous regrettâmes que la presse espagnole ne soit pas souvent mieux au courant de la manière dont on se moque d'elle et du public. M. Montaubry, l'habile chef d'orchestre du Vaudeville, ne se doute probablement guère non plus qu'on a fait une zarzuela avec sa chansonnette des Filles de marbre. Le fait est cependant rigoureusement exact, et c'est même l'une des pièces qui ont obtenu le succès le plus populaire.

Nous pourrions citer par centaines des choses de ce genre. Nous préférons rendre justice à une honorable exception, ***Mis dos mugeres*** (***Mes deux femmes***) de M. Barbieri. Ce sera plus agréable et moins long. Le petit opéra-comique en question est une œuvre excessivement légère, mais ***inédite ;*** quant à la musique, elle est d'un bon style, bien écrite pour les voix, et généralement instrumentée avec talent. On peut proclamer hautement que *Mis dos mugeres* est le seul opéra qu'il y ait en Espagne, comme M. Barbieri est le seul compositeur que nous y connaissions. Mais est-ce à dire pour cela que ce soient un opéra et un compositeur espagnols? Non assurément, pas plus que le *Puits d'amour,* de M. Balfe, n'est un opéra anglais. Ce qu'on peut dire de ces deux messieurs, c'est qu'ils ont écrit, l'un en Angleterre et l'autre en Espagne, de la musique française.

L'Espagne a eu assez de couronnes pour pouvoir se passer de celle de l'harmonie, et, qu'elle nous permette de le lui dire, nous doutons qu'elle y ait jamais quelque droit. Elle est anti-musicale comme l'Angleterre ; elle doit savoir en prendre bravement son parti. Il n'y a encore, et il n'y aura de fort longtemps en Europe (car il faut des siècles pour les fonder) que trois écoles de musique, l'école allemande, l'école française et l'école italienne.

Quelques personnes, peu au courant des choses musicales, croient voir dans la zarzuela le premier pas d'un opéra national encore dans l'enfance. C'est une erreur qu'il importe de combattre ; la zarzuela, dans laquelle il n'y a pas de musique, éloigne un peu plus l'Espagne du bon sentier... voilà tout. Demandez à M. Barbieri, qui est un garçon de talent, et il sera de notre avis.

Que diriez-vous, par exemple, d'une école littéraire espagnole qui n'écrirait qu'en français, en allemand ou en italien? Eh bien, il en est de la musique, qui est une langue aussi, comme de la parole; elle a ses règles et son harmonie particulières, son style et jusqu'à son orthographe, si nous pouvons nous exprimer ainsi; mais il n'est pas plus possible de confondre une phrase musicale italienne, française ou allemande, qu'il n'est possible de confondre le latin avec le grec. Or, nous le répétons, la musique qu'on fait actuellement en Espagne est écrite en français, en fort mauvais français, avec quelques locutions italiennes par ci par là. Avec le temps, dit-on, *petit poisson deviendra grand.* Soit! nous en acceptons l'augure; seulement, le brochet ne deviendra jamais saumon.

Savez-vous quelle est la vraie, la seule musique espagnole en Espagne? c'est la musique andalouse! Elle a son cachet, son rhythme à elle, sa couleur et sa poésie... malheureusement, la musique andalouse n'est pas une *espérance,* mais un *souvenir,* le dernier souvenir laissé par les Maures en se retirant. Allez en Afrique, sur la frontière du désert; écoutez chanter un Arabe devant sa tente, et vous vous croirez à Séville!

Pour notre part, nous sommes convaincu que le peuple espagnol, qui a le vrai sentiment des arts, qui est ardent, chevaleresque encore et sincèrement amant du beau, doit faire ailleurs et d'une autre façon son éducation musicale. Qu'on lui donne de vrais théâtres, de vraie musique, de vrais orchestres, de vrais chanteurs, et alors il sera le premier à s'étonner d'avoir pu si longtemps prendre pour la clarté du soleil celle d'un quinquet fumeux.

Nous ne voulons pour exemple des dispositions excellentes et du goût délicat que laisse deviner à cet égard le public sévillanais, l'un des meilleurs de la Péninsule, que le succès éclatant obtenu à plusieurs reprises à San Fernando par un jeune et déjà grand talent, Oscar de la Cinna, pianiste hongrois. Le jour où nous lûmes pour la première fois le nom de ce jeune artiste sur l'affiche, à Séville, ce fut pour nous une surprise en même temps qu'une joie profonde. Nous avions entendu Oscar de la Cinna en Allemagne (cette terre classique de la musique); nous y avions suivi ses succès de Vienne à Leipzig et de Pesth à Hambourg; nous l'avions vu, lui naguère encore étudiant en droit à l'université de Vienne, attaquer d'une main magistrale cette large et sévère musique de Beethoven, si difficile à comprendre, plus difficile encore à bien interpréter; le bruit de ses récents triomphes à Madrid, Valence, Grenade, Malaga et Cadix était arrivé jusqu'à nous, et son premier concert à Séville nous offrait un double intérêt.

En effet, ce jeune pianiste (Oscar de la Cinna n'a pas encore vingt et un ans) s'est donné pour mission de faire connaître en Espagne les grands maîtres de l'art divin, et il poursuit son noble but avec un courage qui n'a d'égal que son merveilleux talent. Il annonçait donc bravement, dès son concert de début, tout ce qu'il y a de plus beau... et de plus inconnu en deçà des Pyrénées, c'est-à-dire :

1° L'ouverture de la *Flûte enchantée*, de MOZART, arrangée par lui pour piano.

2° Le grand concert de WEBER.

3° La grande sonate (opus 6) de BEETHOVEN.

Et enfin, pour varier un peu, du Mendelssohn Bartholdy !

Voilà, n'est-il pas vrai, un programme digne du Gewandhaus et d'un public dès longtemps habitué aux chefs-d'œuvre? Eh bien, telle est la force de ce qui est vraiment beau, quand l'interprétation est à une hauteur égale, que le plus religieux silence d'abord, puis les plus enthousiastes acclamations accueillirent le digne fils de la vieille et toujours féconde Hongrie ! L'étudiant en droit de la veille était déjà un vainqueur du lendemain. Oscar de la Cinna avait grandi en un seul jour !

Nous ne dirons pas à nos lecteurs, qui le savent sans doute aussi bien que nous, tout ce qu'il y a de suavité, de charme, d'élégance, en même temps que de simplicité, de pureté et de vigueur, dans le talent de ce jeune artiste ; mais ce que nous leur dirons, en l'honneur du public sévillanais, c'est qu'il a compris, admiré, fêté l'éloquent apôtre de la grande musique, qui venait pourtant lui parler une langue étrangère.

Au surplus, ajoutons que si les Espagnols ont traité Oscar de la Cinna un peu en enfant gâté, en revanche il leur a dédié ses plus jolies pages ; le *Songe du chasseur,* délicieuse fantaisie qui fera son tour d'Europe, et où la poésie le dispute à la science, la délicatesse de la forme à la solidité du fond ; la *Fidélité,* ballade de Madraso, d'une rêverie et d'une pureté exquises ; une *grande sonate*, digne des meilleurs maîtres allemands et français ; une *marche nuptiale,* pleine de solennité et de verdeur, et que savons-nous ! dix œuvres encore, toutes mieux marquées les unes que les autres au coin du vrai talent, et qui, éditées à Madrid, vont paraître également à Paris et à Leipzig.

C'est déjà une belle couronne à poser sur un front de vingt ans. Oscar de la Cinna, nous en sommes certain, n'oubliera jamais que c'est en Espagne qu'elle lui a été tressée. Pour notre part, nous voyons dans cette juste et chaleureuse appréciation d'une musique et d'un talent très-sérieux une preuve évidente que si l'on écoute les zarzuelas à Séville, c'est par cette vieille raison toujours jeune que, faute de malvoisie, on boit de la piquette. — Mieux vaudrait se laisser mourir de soif !

(Dessin de A. Du Buisson.) Typ. H. Plon. J. Tardieu, éditeur.

UNE RUE DE SEVILLE.

XI.

LES RUES DE SÉVILLE.

Tout chemin conduit à Rome. — Un pays de fées. — Les patios. — La calle Francos. — La calle Genova. — La calle San Fernando. — La calle de las Sierpes. — La véritable Espagne, et pourquoi elle nous plaît. — Don César de Bazan. — Ce qu'il est. — Et ce que nous sommes. — La pâtisserie du Suisse. — M. Hermann. — Ses tableaux. — La place Neuve et la place du Duc. — Celles du Sauveur et de la Madeleine. — Las Delicias. — Le véritable paradis terrestre. — Le salon de Christine. — La plazuela de Santa Cruz. — La maison où mourut Murillo. — Galerie du père Cepero. — M. Ludwig. — Sa collection. — La rue de l'Amour de Dieu. — Don Juan a-t-il réellement existé? — Doutes permis à cet égard. — Don *** de Mañara. — Sa conversion. — Double anecdote à ce sujet. — L'auteur y ajoute la sienne. — Précautions oratoires.

Les rues de Séville sont autant de pages de la grande et poétique histoire de la cité mauresque. On y lit ses luttes, ses conquêtes, son héroïsme, ses superstitions, ses haines, ses vengeances, ses terreurs, et jusqu'à ses amours. Sur chacune d'*elles*, on pourrait écrire des volumes, car chacune d'elles contient son drame ou sa comédie; malheureusement nous sommes pressé par l'espace, et nous ne pouvons que jeter un coup d'œil rapide sur ces murailles crénelées, ces balcons qui semblent tendre les bras aux amoureux, ces fenêtres bardées de fer, et tout cet ensemble pittoresque, vif, animé et charmant, qui est à Séville ce que la physionomie andalouse est à une Espagnole.

Nous conseillerons au touriste artiste de quitter, pendant quelques après-dînées, sa fonda, et de se perdre à l'aventure dans la première des rues de Séville qu'il trouvera à sa droite ou à sa gauche. — *Tout chemin conduit à Rome,* — dit le proverbe. Eh bien, dans la vieille cité des rois, toutes les rues conduisent à l'inconnu, au nouveau, au merveilleux. Telle impasse qui nous paraît devoir à peine être habitable pour des chats, renferme plus de magnifiques hôtels, plus de marbre, de porphyre et de jaspe que vous n'en avez vu dans votre vie. C'est un pays de fées! les palais y poussent derrière les portes cochères comme par enchantement... Vous croyez passer devant une chaumière... vous hasardez un coup d'œil... et vous découvrez un vrai décor d'opéra.

Ce ne sont partout que longues colonnades, magnifiques *patios,* et jardins fantastiques où l'oranger marie ses rameaux chargés de pommes d'or aux branches du palmier et du bananier. L'art, le goût, la richesse, luttent avec la nature, et de cette lutte, inégale mais ardente, naissent mille surprises, mille enchantements qui font rêver tout éveillé celui qui passe et le transportent dans un monde qui n'est peut-être pas le paradis, mais qui, à coup sûr, n'est déjà plus la terre... Nous pourrions indiquer dix rues et cinquante maisons toutes remarquables à un point de vue quelconque... Mieux vaut mille fois, lecteur, errer par la ville. Dans les recoins les plus cachés, les ruelles les plus obscures, il y a des merveilles... et c'est un plaisir que de les découvrir tout seul, de n'avoir pas été prévenu, et de pouvoir à chaque pas s'arrêter pour admirer.

Parmi les rues que nous ne pouvons cependant nous dispenser de nommer, et qui offrent un intérêt très-vif à un autre point de vue, il faut citer :

1° La calle Francos, où sont établis les nombreux, divers et pittoresques magasins dans lesquels chaque soir les plus jolies femmes, aux plus délicieuses toilettes, se réunissent sous prétexte d'emplettes... Pauvres maris ! 2° La calle Genova, qui conduit de la place San Francisco à la cathédrale, et dans laquelle on est censé faire le commerce des livres, mais où l'on ne vend en réalité que des catéchismes et des almanachs... 3° La calle de San Fernando, qui aboutit au champ de foire, et dont l'aspect est si délicieux... mais qui est si mal pavée !... 4° Enfin la calle de las Sierpes, qui est la rue Vivienne, la Cannebière de l'endroit, et qui mériterait à elle seule un chapitre, si nous pouvions disposer de plus de dix lignes.

Figurez-vous... non, ne vous figurez rien, mais quand vous serez à Séville, promenez-vous pendant une heure, à la tombée de la nuit, dans cette rue si remplie de pieds mignons, de mantilles charmantes et de longues capes, et vous ne regretterez ni vos soixante minutes ni les soixante autres qui leur succéderont. La calle de las Sierpes, c'est l'Espagne tout entière, c'est la fantaisie, c'est le roman, c'est la vie. On se promène là, non pour parler de chemins de fer ou de canaux, comme à Paris et à Londres, mais pour lever le nez aux balcons, pour entendre un soupir par ci, recevoir un sourire par là. A la bonne heure, voilà encore la poésie, voilà la jeunesse, voilà l'intrigue amoureuse et folle !

Et savez-vous pourquoi l'Espagne nous plaît tant, malgré son siècle de retard? Précisément parce qu'elle a des routes impraticables, des diligences qui versent, et qu'elle est toujours le pays adorable de don Quichotte, de Figaro et de Basile. A ceux que cette explication ne satisferait pas, nous répondrons par une question :

— Êtes-vous spéculateurs, quarts d'agents de change ou simples négociants ?

Si vous êtes cela, ne venez pas en Espagne... vous y seriez pris pour des produits hybrides d'une création inconnue, et vous vous y croiriez vous-même en pleine Cafrerie... Ce qu'il vous faut, c'est le cours de la bourse, la régularité de la locomotion et la poésie du télégraphe; or, de tout cela, il n'existe rien en Espagne... On y vit pour jouir du ciel, du soleil, des fleurs; pour aimer, chanter et rire... rien de plus. Ah! l'heureux pays...

malgré ses malheurs, et que sa pauvreté doit faire envie à nos milliards! Pour notre part, nous donnerions tous nos manteaux d'hermine pour son insouciance.

Don César de Bazan a plus d'originalité dans son pourpoint ouvert à chaque vent que tous nos habits noirs de chez Dussautoy. Il est un type, et nous ne sommes que des exemplaires d'une vieille lithographie usée. Bref, on nous appelle la civilisation!... n'est-ce pas tout dire?...

Revenons aux rues, aux places et aux promenades de Séville. La calle de las Sierpes, pour en finir avec elle, est située au centre de la ville; elle en est comme le cœur. Aussi est-ce dans ses murs heureux que sont situés les plus élégants magasins de quincaillerie, les meilleures boutiques de confiseurs, le Casino, le grand café de l'Ibéria, la poste aux lettres et la pâtisserie suisse. C'est dans ce dernier établissement, qui possède un fort beau salon, que l'on va prendre des glaces en été.

M. Hermann, son propriétaire, qui a eu le mérite assez rare de s'enrichir en ne faisant toute sa vie que des brioches... M. Hermann, disons-nous, chez lequel on est heureux de retrouver à cinq cents lieues du canton de Vaud la bonhomie et la rondeur de ceux de son pays, n'est pas seulement un excellent pâtissier, c'est encore un véritable amateur de bons tableaux, et en même temps qu'il remplissait de ses produits les vitrines de son café, il remplissait des œuvres d'excellents peintres l'intérieur de sa *neveria* et de son *comedor*. Il y a réellement là quelques très-bonnes toiles qui vaudraient la peine qu'on les recherchât ; et quant à sa collection de gravures, nous ne craignons pas d'avancer qu'elle offre le double intérêt de la *quantité* et de la *qualité*. C'est certainement l'une des plus complètes qui existe en ce genre (comme galerie particulière), et nous la recommandons vivement à ceux de nos nouveaux marquis de la finance qui auraient par hasard le goût des belles et bonnes choses.

Sorti de la calle de las Sierpes, on atteint rapidement, à chacune de ses extrémités, la place Neuve et la place du Duc... deux célébrités dont la dernière a dû céder le sceptre de la mode à sa sœur cadette. La place du Duc est infiniment plus jolie, plus pittoresque, plus élégante que la place Neuve ; c'est une véritable Andalouse, un peu petite, un peu fluette, mais la mine éveillée, la physionomie piquante, l'air provocateur. La place Neuve, au contraire, est une grande dame à chapeau, mantelet et manchon. On dirait une blonde et grave fille du Nord. Là est le contraste, et peut-être aussi le charme. Toujours est-il que la place Neuve a détrôné son ancienne rivale, ce qui tient beaucoup à ses vastes proportions et à l'air frais qu'on y respire. Nous regrettons la place du Duc, et c'est toujours à elle que nous donnions la préférence ; mais nous reconnaissons qu'elle ne répond plus aux besoins de la population de Séville... surtout depuis que les femmes portent des ballons cerclés de fer au lieu de jupes.

Deux autres petites places, également fort jolies, mais également abandonnées, sont celles du Sauveur et de la Madeleine. Rien ne leur manque cependant pour en faire des lieux de réunion charmants... Fontaine au doux murmure, arbres discrets et bancs en marbre blanc, elles réunissent tout ce qu'on rêverait vainement ailleurs. Ce qui prouve que les Sévillanais sont de vrais enfants gâtés qui ne savent pas apprécier leur bonheur et laissent sans plus de façon dans un coin leurs joujoux de la veille pour des joujoux nouveaux. Dieu veuille qu'il leur soit permis d'avoir longtemps encore de pareils caprices et de pouvoir les satisfaire!

Si la place Neuve est la promenade d'été, en revanche la grande avenue d'orangers qui longe la rivière est la promenade d'hiver. Et tel est ce merveilleux climat d'Andalousie, que, de trois à cinq heures, pendant les mois de décembre et de janvier, les femmes peuvent se rendre en toilette de bal sur les bords du Guadalquivir. Le thermomètre marque dix-huit degrés de chaleur; le ciel est d'un bleu splendide; le soleil jette ses paillettes d'or avec une profusion féerique; la brise ressemble à un souffle de vierge... et l'on se demande s'il vaut la peine de mourir pour aller en paradis quand on habite Séville. Aussi cette promenade enchanteresse, qui aboutit à un mystérieux rond point en pleine forêt, s'appelle-t-elle *las Delicias,* nom poétique auquel il n'y a rien à ajouter. Disons seulement qu'une large chaussée pour les équipages et les cavaliers court parallèlement à l'avenue réservée aux piétons, et qu'à l'heure de la promenade le coup d'œil est ravissant, sans parler de celui de la rivière, de la campagne et de la ville, qui à lui seul suffirait pour justifier ce nom de *Delicias,* donné à cette rive du Guadalquivir.

En se rendant au paseo, on laisse à droite le *salon de Christine,* situé juste en face du palais San Telmo, et dont l'abandon ne s'explique pas. Il est, en effet, impossible de rien voir de plus gracieux que ce *salon* de verdure, ombragé de grands arbres, et posé au milieu des fleurs comme par la main d'une fée... Malgré cela, les Sévillanes ne veulent pas en entendre parler, et elles abandonnent sans pitié aux gros souliers ferrés des muletiers un sol de velours qui ne devrait être foulé que par leurs petits pieds. Il en est de même d'une foule d'autres coquettes *plazas* ou *plazuelas* (Séville en compte jusqu'à vingt-cinq) que la mode et l'indifférence relèguent dans l'oubli. Parmi celles-ci, nous citerons la place de Santa Cruz, où il y avait autrefois une église en ruines que notre armée acheva de détruire, et près de laquelle on voit toujours la maison où mourut Murillo, cette gloire de Séville qui éclipse toutes les autres.

Cette maison, fort simple du reste, mais si intéressante par les souvenirs qui s'y rattachent, est aujour-

Dessin de A. Du Buisson. Typ. H. Plon. J. Tardieu, éditeur

LA CRUZ DEL CAMPO.

d'hui habitée par le père Cepero, dont nous avons déjà eu occasion de parler, et qui mérite si bien la popularité dont il a su entourer son nom. C'est en réalité un homme d'esprit que ce père Cepero, et un homme de tête en même temps; on l'a vu tour à tour mettre la main au canon, à l'agriculture, à l'industrie et aux arts, et partout il a réussi... Ce qu'il y a de certain, c'est qu'il possède la plus belle galerie de tableaux de Séville, c'est qu'il a des œuvres d'une valeur artistique incontestable et signées des noms des plus grands maîtres. Il est à regretter que cette galerie soit d'une beauté monotone, comme la plupart de celles de la Péninsule, ce qui tient à l'éternelle litanie des saints et de la Vierge dans laquelle ces pauvres peintres se croyaient contraints de tourner toujours, comme des écureuils mis en cage.

Dans une autre rue, située à une extrémité différente de la ville, mais par laquelle nous aurons à passer pour aller voir un vieux et célèbre monastère en ruine, *la calle del Amor de Dios,* habite aussi un amateur de tableaux, dont la collection, faite avec goût, est digne d'intérêt. M. Ludwig, ainsi se nomme cet excellent Allemand (il est fils du Rhin et de la Germanie), est un de ces hommes simples et charmants comme on en voit peu. Imaginez-vous la bonhomie, la douce gaieté, la verve aimable, le rire franc du bon vieux temps... et avec cela le cœur ardent et la tête chaude de la jeunesse... l'ancienne bien entendu... car celle d'aujourd'hui n'a plus de cœur et de tête que juste ce qu'il en faut pour ne pas mourir en naissant. On a mis un écu à la place de l'âme. Nous ignorons si M. Ludwig a beaucoup d'écus chez son banquier (nous le lui souhaitons); mais ce que nous savons bien, c'est que ses sentiments ne se sont pas métallisés. C'est un véritable artiste, qui vit heureux entre trois fidèles amis, presque oubliés de nos jours, et qu'on nomme la littérature, la musique et la peinture. Sa chambre rappelle celle de ces dignes philosophes allemands qui, ne pouvant aller vers le monde, font venir le monde à eux. On y voit un piano ouvert et surchargé de musique manuscrite, cent volumes marqués à la bonne page, et de nombreuses toiles accrochées un peu partout. N'est-ce pas bien là l'entourage d'un sage? Et n'y a-t-il pas quelque mérite à être resté un bon et véritable *Allemand* dans un pays où on l'est si peu, et où les mœurs, les habitudes, les goûts, sont si éloignés de la vie contemplative, isolée et *pensante?*

Avant de sortir de chez M. Ludwig, que tout le monde connaît, du reste, et aime à Séville, parlons un peu de ses tableaux. Il en possède environ trois cents, appartenant aux diverses écoles, et offrant, entre autres mérites, celui de la variété, ce qui a bien son prix à Séville. Ceux que nous avons le plus remarqués sont dus à *Perrugino, Alsloot* (ce dernier a écrit avec son pinceau une des pages intéressantes de l'histoire de la Belgique), *Van Lint, Otto Venius, Dürer, Beer, Coignet,*

Borgiani, Lairesse, Holbein, L. Giordano, L. Cranach, Vieira, etc., etc. L'école espagnole est représentée par quelques bonnes toiles attribuées à *Ribera, Velazquez, Murillo,* et nous avons admiré notamment quelques très-remarquables copies anciennes de ce dernier peintre. Nous recommandons, en conséquence, chaudement aux amateurs la petite collection de M. Ludwig, très-complète dans son genre, et qu'il ne serait peut-être pas impossible d'acquérir. Il y a encore à Séville une foule d'autres galeries particulières d'une grande valeur. Ne pouvant les désigner toutes, nous devons au moins constater leur existence.

Et puisque nous voici à l'extrémité de la rue de *l'Amour de Dieu,* c'est le cas de parler d'une autre gloire de Séville, qui a eu beaucoup d'*amours* célèbres n'ayant pas précisément *Dieu* pour objet. Pourquoi, demanderez-vous alors, ce nom de rue? A ceci on vous répondra que *don Juan* (car il s'agit de lui) se convertit miraculeusement quelque temps avant sa mort, et « qu'*il aima Dieu* d'une ardeur sans pareille ».

Mais *don Juan* a-t-il jamais vécu *calle del Amor de Dios*... a-t-il même réellement existé? C'est au moins une question.

Tout le monde sait que les trois plus grands génies des trois plus grandes nations modernes, *Molière* en France, *Byron* en Angleterre, et *Mozart* en Allemagne, ont été inspirés par ce type étrange et séduisant. Tout le monde sait aussi qu'on n'a voulu longtemps voir en lui que la personnification d'une fantaisie puissante. Nous serions assez volontiers de ce dernier avis.

Don Juan est un type particulier de convention, évoqué de sa tombe par le génie de Molière et animé par lui. Ses amours, ses vices, son athéisme, ont séduit *Mozart* et *Byron*, qui, chacun dans une langue différente, ont repris en sous-œuvre le canevas immortel du maître.

A nous Français, l'honneur d'avoir créé don Juan; à l'Espagne, d'être censée lui avoir donné le jour! Don Juan n'a pas existé, à proprement parler; seulement, en cherchant avec le désir de trouver quand même à Séville quelque chose lui ressemblant, on parvient à déterrer un certain *Mañara* (pas *Marana*, comme l'a cru Alexandre Dumas), grand amateur de fillettes, duelliste heureux, coureur intrépide d'aventures équivoques, et qui termina une vie assez peu édifiante à la façon du diable devenu vieux. (Il ne se fit pas ermite, mais il se convertit, ce qui revient au même.)

Dans le *Festin de Pierre* de Molière et de Mozart, la statue du commandeur se charge d'apporter un dénoûment tragique à cette existence si remplie de méchantes actions, et le héros de la fête meurt bravement dans l'impénitence finale. Mais dans un pays aussi éminemment catholique, apostolique et romain que l'Espagne, les choses ne pouvaient pas se passer ainsi, et l'absolution devait apparaître au chevet du moribond, pour prouver que le plus grand coupable peut entrer tout droit en paradis, quand il a eu la chance de se repentir au bon moment.

Donc le don Juan espagnol, ou plutôt don Fulano *Mañara*, se convertit, donna tous ses biens à l'Église, fonda l'hôpital de la Charité, et mourut aussi chrétiennement que n'importe quel garde national, bon père et bon époux! Mais de quelle façon eut lieu cette miraculeuse conversion? Ici la chronique varie. Suivant les uns, le seigneur de Mañara entra par hasard un jour dans une église, et aperçut un riche catafalque autour duquel brûlaient cent cierges. Une légion de prêtres, d'enfants de chœur et de pénitents psalmodiaient d'une voix sépulcrale le *De profundis*. Suivant l'usage alors établi en Espagne, le mort avait la face découverte, et quel fut l'étonnement de don Fulano Mañara en se reconnaissant dans le cadavre étendu devant lui!

Il se mit à se tâter pour bien s'assurer s'il était mort ou s'il était encore vivant... Il lui sembla que son sosie imitait ses mouvements. Il pâlit, le défunt devint livide; il se prit à trembler de tout son corps... le squelette agita ses ossements avec un bruit sec et strident. Décidément, il était bien mort! Alors, avec le courage du désespoir, le chevaleresque seigneur de Mañara s'arracha à cette étrange vision, rentra chez lui, se mit au lit, fit appeler un notaire, un prêtre, un médecin, se confessa, rédigea son testament en faveur du clergé, prit une infusion de camomille, et s'endormit d'un sommeil réparateur...

D'après d'autres auteurs, au contraire, le héros de tant de galantes aventures rencontra un soir, sur son chemin, un brillant enterrement.

« Qui est mort? demanda-t-il machinalement à un pénitent blanc.

— Le seigneur de Mañara, » répondit celui-ci.

Et à la même question, plusieurs fois répétée, la même réponse fut toujours faite. Le vieux libertin regarda comme un avertissement du ciel ce qui n'était qu'une simple mystification des pénitents, qui l'avaient reconnu, et il résolut de s'amender. A cet effet, il fonda l'hôpital de la Charité, qui existe toujours, et le couvent que l'on aperçoit encore à l'extrémité de la *calle del Amor de Dios,* et qui est devenu dernièrement *l'école industrielle* de Séville, où près de cinq cents élèves sont entretenus aux frais du gouvernement et reçoivent une instruction spéciale aussi solide qu'éclairée. Don Juan renonça à Satan, à ses œuvres et à ses pompes, alla régulièrement à la messe tous les matins, fit maigre le vendredi et le samedi, jeûna quatre fois l'an, et finit par mourir en odeur de sainteté.

Cette dernière version est moins romanesque que la première, mais par cette raison même elle est plus près de la vérité.

Comment supposer, en effet, que don Juan entrât

dans une église, à moins que ce ne fût pour y laisser passer un grain, ou y suivre deux yeux aussi noirs que la mantille qui les abrite? La rencontre dans la rue d'un enterrement est, au contraire, une chose fort simple et fort commune... surtout dans une cité où l'on meurt autant qu'à Séville. La réponse des pénitents s'explique d'elle-même, ainsi que l'effet produit sur le cerveau d'un vieux prêtre de Vénus dont les facultés sont affaiblies... et il ne nous en faut pas davantage pour comprendre la conversion de don Juan.

Il y a bien cependant une troisième chronique à ce sujet; mais celle-là, c'est nous qui l'avons déterrée, et si nous nous défions des découvertes des autres, nous nous défions infiniment plus des nôtres; ensuite elle est essentiellement invraisemblable..... quoique possible. Néanmoins, comme elle n'est peut-être pas tout à fait dénuée d'intérêt, nous la donnerons ici, quitte à être traduit devant la barre du tribunal de la sainte inquisition... de la critique sévillane.

XII.

LA CONVERSION DE DON JUAN.

I.

En ce temps-là *l'Alcazar* avait recouvré momentanément sa splendeur passée ; la cour était à Séville, et la vieille cité des rois était redevenue pour un instant la capitale des Espagnes. Or, un matin, au petit lever de Sa Majesté, le chevalier Estevan de Tavera aborda familièrement don Pacheco de Figueroa.

— Eh bien, cher baron, lui dit-il, comment vont les amours?

— Fort mal, chevalier, répliqua celui-ci, depuis que Sa Majesté ne va plus au *recreo.*

Il n'y avait pas alors de théâtre à Séville; mais il existait, dans un hôtel particulier, un magnifique salon, nommé *recreo,* où n'était admise que l'aristocratie masculine de la capitale et dans lequel débutaient toutes les célébrités en herbe de la danse et du chant. Ce salon n'était à proprement parler qu'une sorte de sérail, dont les habitués étaient les sultans naturels, et les habituées les odalisques.

Cependant, comme l'aristocratie sévillanaise était généreuse et payait assez cher ses plaisirs, il arrivait que parfois une honnête fille, poussée par la faim, s'introduisait furtivement dans cet antre du vice, y dansait un pas, touchait la rétribution fixée, et s'en retournait vite au logis porter l'obole attendue pour le souper. Ces exemples étaient rares, — la vertu n'a jamais couru les rues, — mais enfin, il y en avait, ainsi que nous allons le prouver tout à l'heure.

Quoiqu'il en soit, le chevalier de Tavera reprit, en s'adressant au baron :

— Ah! ah! Sa Majesté ne va plus au *recreo*... et depuis quand?...

— Depuis qu'elle s'y ennuie.

— C'est une raison!

— Que voulez-vous, ajouta don Pacheco de Figueroa avec un soupir, votre corps de ballet est si pauvre!...

— Si pauvre! Peste, baron, vous en parlez bien à votre aise, et comme s'il n'y avait de piquants minois et de jolies jambes qu'à Madrid... vous n'avez donc pas assisté au dernier début?

— Quel début?

— Celui d'avant-hier, qui a tourné toutes les têtes...

— Ah! oui, je sais, fit le baron d'un air indifférent, une gitana bien gauche... et bien timide, par exception...

— Dites plutôt un ange de candeur et de grâce!

— Quel enthousiasme, chevalier! on vous dirait amoureux...

— Faites-moi le plaisir de n'en pas douter.

— Bah! sérieusement, vous seriez épris de cette prétendue perle de Triana?

— Tout ce qu'il y a de plus épris... vous n'ignorez pas, baron, que de fondation et de droit héréditaire, je dois aimer toutes les belles!...

— Vous avez eu soin de nous l'apprendre, chevalier.

— Vous m'enlevez le plaisir de supposer que vous ayez pu, une fois dans votre vie, vous apercevoir seul de quelque chose.

— La faute en est à vous! — fit don Pacheco en se mordant les lèvres.

— A moi?

— Oui, chevalier, à vous qui jetez follement vos paroles au vent...

— A qui le dites-vous, cher baron, et que pure serait mon âme si je n'y jetais que cela!... mais ma vie tout entière y passe, avec ses joies, ses plaisirs, ses passions et ses folies!

— A ce compte, vous avez des chances pour que cela ne dure pas longtemps...

— Cela durera ce que ça pourra... je ne m'en inquiète pas plus que de l'amour de mes maîtresses; ne faut-il pas que tout finisse et s'éteigne ici bas, la bûche au foyer, l'étoile au ciel!

— Vive Dieu, voici de la poésie, à présent!

— Nullement, mais de la réalité, triste ou bouffonne, comme il vous plaira de la nommer.

— Vous menez trop joyeuse vie, chevalier, pour que chez vous la réalité soit jamais triste.

— C'est que je suis un peu philosophe... je prends les choses comme elles viennent et les femmes comme elles sont...

— Vos amis messieurs les penseurs français ne feraient pas mieux.

— Tant pis pour eux, car ma philosophie ne vaut pas plus que ma morale, qui ne vaut pas grand'chose.

— Vous vous trompez, fit une voix moqueuse, elle vaut juste autant que vous! »

Le baron de Figueroa et le chevalier de Tavera se retournèrent; derrière eux était don Juan de Mañara.

Celui-ci approchait alors de la quarantaine, mais nul cavalier n'avait meilleure mine et meilleure prestance que lui; nul ne joignait à une tête plus belle une physionomie plus mobile et plus expressive; nul ne maniait aussi bien l'ironie et l'épée; nul ne possédait plus de fascination dans le regard, plus de grâce dans la pose, plus de charme dans la voix!

— Ah! ah! dirent les deux courtisans, salut au dieu des amours!

— Messieurs, répliqua don Juan ironiquement, ici on ne s'incline que devant les astres qui se lèvent... et on tourne le dos à ceux qui baissent... je ne suis plus qu'un dieu déchu, un demi-dieu, un quart de dieu...

— Depuis quand donc?

— Ma foi, depuis qu'on m'accuse d'avoir quarante ans, ce dont je ne me doutais guère sans cela!... Figurez-vous que je viens de perdre, pendant une heure, mon latin à la fenêtre d'une innocente (il paraît qu'il y en a à présent)!... et que j'en ai été pour mes frais de bouquets et de guitares!...

— Vous y avez mis de la mauvaise volonté?...

— Point!... mais on en a mis beaucoup à mon égard...

— C'est rare.

— J'en conviens... surtout au *recreo,* où je jouis encore de quelque crédit... Eh bien, messieurs, imaginez-vous que ce matin, dès la pointe du jour, je faisais antichambre chez le *tio Arieta...*

— Le maître à danser de la débutante d'avant-hier?

— Précisément!

— Vous vouliez le corrompre?

— Non, répondit froidement don Juan, ce doit être déjà fait depuis longtemps... mais le gagner à mes intérêts... or, prières, promesses, menaces, tout a été inutile...

— Quelqu'un lui avait sans doute offert plus que vous?

— Impossible! Il a la manie des titres, je lui ai donné à choisir entre un comté et un marquisat; il aime les chevaux, j'ai mis les miens à sa disposition; il a des dettes, j'ai juré de les payer; enfin, il grille de voir Sa Majesté, je lui ai proposé de l'introduire dans les petits appartements... rien n'a pu l'éblouir, le tenter.

— Monseigneur, s'est-il contenté de me répondre, vous avez des titres, de l'or, du crédit, des chevaux; moi, j'ai une fillette jolie et sage, cela vaut mieux. Gardons chacun ce que le bon Dieu nous a donné.

— C'est à n'y rien comprendre, continua don Juan après un instant de silence, car enfin, avec la meilleure volonté du monde, je ne puis pas supposer que le père d'une danseuse soit un honnête homme!

— Et que décidez-vous? demandèrent à la fois le chevalier et le baron.

— Rien! répondit légèrement don Juan, si ce n'est que la petite sera à moi ce soir!

— Vous appelez cela rien? fit observer M. de Figueroa.

— Ce n'est du moins pas grand'chose.

— Baron, prenez-y garde, s'écria étourdiment le chevalier, notre ami fait encore une rude concurrence à Sa Majesté... le roi est le roi, mais don Juan est don Juan... et je ne sais pas si cela ne vaut pas mieux...

— Sa Majesté ne redoute personne! répondit gravement le baron.

— C'est pour cela qu'elle se méfie de tout le monde, ajouta don Juan avec un sourire ironique, et particulièrement de votre très-humble serviteur!...

— Comment? fit le chevalier.

— Oui, le roi songe à m'envoyer aux Philippines... et le plus plaisant de l'affaire, c'est que c'est à l'obligeance de M. le baron de Figueroa que je dois la douce espérance d'entreprendre ce voyage d'agrément.

Don Pacheco devint tout rouge et feignit un violent accès de toux pour dissimuler son embarras.

— Oh! rassurez-vous, reprit don Juan gaiement, je ne suis pas encore parti, et la meilleure preuve que je ne m'effraye pas beaucoup plus de la colère royale que de celle des maris, c'est que je suis venu au-devant d'elle. Je resterai à Séville, parce qu'il me plaît d'y rester, et si j'avais besoin que quelqu'un m'aidât à m'y cacher, j'appellerais à mon aide toutes les femmes du royaume... y compris la vôtre, baron!

— Señor!

— Eh bien, quoi?

— Vous me rendrez raison.

— Allons donc... vous plaisantez, monsieur le chambellan, un duel entre une épée et une clef?... la lutte serait inégale!

— Ce sera un duel entre deux épées, monsieur.

— Bon!... mais une fille des rues comme la mienne... et une timide vierge comme la vôtre, ne peuvent pas se rencontrer... Ce serait une monstruosité... et je m'y oppose au nom de la morale!

— Je vois que vous voulez aller aux Philippines!

— Non, je veux vous éviter un voyage dans l'autre monde... Pour Dieu, baron, soyez donc raisonnable! Qu'ai-je dit, en somme, de si répréhensible? que la baronne me cacherait chez elle au besoin!... Eh bien, ne le savez-vous pas?

Et s'adressant au chevalier de Tavera, sans laisser au baron le temps de lui répondre, don Juan ajouta :

— Tenez, mon cher Estevan, je vois que vous me trouvez passablement fat et que vous me croyez incapable de réussir en douze heures auprès de Rita...

— C'est-à-dire...

— Ne vous en défendez pas, c'est naturel, et cela dénote une âme honnête et candide!... seulement, je me rappelle involontairement qu'il y a seize ans, à pareille époque, à pareil jour, vive Dieu! la veille de Noël! je courtisais une danseuse du *recreo,* laquelle se nommait... — voilà un bizarre rapprochement! Rita, comme la débutante d'avant-hier. L'œil en feu, la lèvre vermeille et ardente, la taille souple et frémissante, elle m'avait séduit... je lui avouai mon amour... elle me repoussa! Irrité d'un refus auquel alors les femmes ne m'avaient pas habitué, je jurai de me rendre maître de la cruelle, le même jour, avant minuit. Le duc de Tavera, votre père, me dit :

« — Et si vous ne réussissez pas, don Juan ? »

« — Si je ne réussis pas, répliquai-je, présentez-vous demain matin à mon petit hôtel du bario de Saint-Laurent, et mon intendant vous comptera trente mille réaux... quant à ma victoire ou à ma défaite, vous vous en assurerez en venant ce soir au bal du *recreo!* » Il n'y a aujourd'hui rien de changé, chevalier... j'ai seize ans de plus, voilà tout!... or, ce que je dis autrefois à votre père, je vous le répète... et j'espère vous prouver comme à lui que ce que je promets je le tiens! »

II.

Devant une petite fenêtre à barreaux de fer et faisant saillie sur la rue, une jeune fille toute fraîche et toute rose, les cheveux négligemment roulés à la façon andalouse, et belle à faire envie à tous les anges du paradis, contemplait un portrait de femme auquel elle souriait avec amour.

— Allons, bonne mère, murmurait-elle d'une voix plus douce que la plus douce harmonie, regardez-moi... mieux que cela!... quittez ce regard sévère qui me glace... et redevenez souriante, comme lorsque vous me dites : Je t'aime!

— A qui parlez-vous donc? demanda un jeune homme à peine âgé de vingt ans, qui venait d'entrer.

— A ma mère, répondit la jeune fille avec simplicité.

Puis, courant au-devant du visiteur :

— Combien je suis heureuse de vous voir, *Valero!* fit-elle d'un air enjoué et tendre tout à la fois; j'ai tant besoin de quelqu'un à qui parler de mes émotions d'hier, de mes succès à la cour, où j'ai dansé devant le roi...

— Cela tient donc maintenant une bien grande place dans votre vie, qu'il vous soit nécessaire d'en occuper sans cesse votre âme?

— Mais sans doute... à chaque chose sa chose ici-bas, au cœur qui aime un cœur qui réponde; à la souffrance une larme, aux heureux un sourire, à l'amie un baiser, et à l'artiste ses succès et sa gloire!

— Rien de cela ne vous manquera, murmura Valero avec une certaine mélancolie mélangée d'amertume.

— Vous vous en attristez?...

— Pardonnez-le-moi, Rita, l'amour est égoïste com la gloire... et j'ai peur qu'en aiman les couronnes et les bravos, vous aimiez un peu moins votre pauvre Valero... qui, lui, en mourrait!...

— Voulez-vous vous taire! fit la jeune fille avec un sourire céleste, tout en pâlissant beaucoup; on ne parle de mourir qu'à soixante-dix ans... et encore, quand on ne s'aime plus... or, nous, Valero, nous nous aimerons toujours!

— Ainsi soit-il! ajouta le *tio Arieta*, entré à pas de loup pour surprendre les jeunes gens. Puis, se tournant vers sa fille d'adoption :

— Rita, continua-t-il, tu as seize ans, tu es sage et jolie; pour conserver tout cela, ma fillette, ou du moins une partie de cela, il faut te marier...

— Je ne demande pas mieux, mon père, murmura la jeune fille en rougissant, pourvu que ce soit avec Valero!

— Je le sais bien, répondit le maître à danser, et c'est justement lui que je te destine.

III.

Or, en ce temps-là, don Juan de Mañara vivait en assez bonne intelligence avec l'une des reines du *recreo*, ayant nom Paquita. Et le jour dont nous parlons, la señorita Paquita rencontra notre héros se promenant dans l'un des couloirs du *recreo*, seul et l'air très-ennuyé, contre son habitude.

— Par Jupin, le dieu du tonnerre et le protecteur de la danse, lui dit-elle en l'arrêtant, vous ressemblez en ce moment à un mari trompé...

— Hélas! répliqua-t-il ironiquement, je suis peut-être comme le mari dont vous parlez...

— Ah! je comprends... vous faites allusion à ma

promenade dans le carrosse de Sa Majesté?... Que voulez-vous, quand le roi ordonne... il faut bien obéir!

— Sans doute! fit don Juan en souriant.

— Mais, reprit la danseuse avec un sérieux magnifique, c'était en tout bien, tout honneur...

— Dieu me garde d'en douter!... Et puis, d'ailleurs, chacun n'est-il pas maître ici-bas de ses actions?... ne nous devons-nous pas une mutuelle indulgence?...

— *Amigo mio*, dit la danseuse d'un ton méfiant, quand vous parlez d'indulgence aux autres, c'est que vous en avez besoin pour vous-même... je gage que vous me trompez!

— Vous savez bien que j'en suis incapable...

— Au contraire.

— Je vous jure...

— Jurez moins et soyez plus sincère!... avouez, entre nous, que vous vous êtes un instant laissé éblouir par cette petite Rita?

— Vous ne pensez pas ce que vous dites, Paquita!... un cœur sur lequel vous régnez ne peut se donner à d'autres....

— Hum! Je connais mon prétendu royaume, et je fais de sa fidélité à ma couronne le cas que je dois... Je vous préviens seulement qu'on m'offre une autre royauté, et que c'est de vous que dépend mon acceptation ou mon refus.

— Si réellement cela dépendait de moi, fit don Juan

avec une feinte galanterie, vous ne changeriez pas de sceptre.

— Soit! j'accepte le conseil... mais en ce cas, je ferai mes conditions...

— Voyons?

— Ce soir, après le ballet, vous m'accompagnerez jusqu'à ma chaise, et de là jusque chez moi, où quelques amis doivent se réunir... on chantera, on dansera, et, qui mieux est, on fera de l'esprit...

— L'esprit est rare ici... surtout depuis qu'on y voit tant de gens de Madrid.

— C'est pour cela qu'il est du meilleur ton d'en avoir...

— Pourquoi donc la cour ne prend-elle pas ce ton?

— Parce qu'elle est la cour!

— C'est juste...

— Vous savez bien qu'elle ne donne plus la mode.

— Cela serait difficile, après vous.

— Ah! voici que vous devenez galant et spirituel quatre heures trop tôt, comme si vous n'aviez rien de mieux à me dire...

— Préféreriez-vous, par hasard, que je vous répétasse ce que je vous ai déjà dit tant de fois?

— Quoi?

— Que vous êtes un ange!

— Oh! passons.

— Que vous êtes un lutin!

— A la bonne heure...

— Que vous êtes charmante, enfin, et que je vous adore !

— Que je suis charmante, je le sais ; que vous m'adorez, c'est autre chose, et j'attends à demain pour vous dire ce que j'en pense...

Et Paquita s'éloigna, un délicieux sourire sur les lèvres, et répétant de loin à don Juan :

— A ce soir !

— Bien ! fit celui-ci à part lui, me voilà pendu à deux potences, ou plutôt à deux femmes !... le cas n'est pas nouveau, mais il est délicat. Rita me plaît, cela ne fait pas question ; Paquita m'ennuie, je n'en saurais douter... mais entre les deux je préfère, néanmoins, celle que je puis enlever à Sa Majesté... d'autant plus que le baron pourrait bien y perdre sa clef... ce dont je rirais fort. Allons, c'est convenu, je me dévoue à ma réputation, et pour aujourd'hui l'amour-propre l'emportera sur l'amour... je garderai Paquita ! Quant à notre jeune biche effarouchée... ah ! ma foi, je la céderai au chevalier... entre amis cela se fait... et d'ailleurs je lui ai pris assez de femmes pour pouvoir lui en donner une par hasard... une fois n'est pas coutume !

Sur ces entrefaites, don Estevan de Tavera entra.

— Eh bien, cher ami, cria-t-il de la porte, j'ai fait fond sur les trente mille réaux que vous me devez...

— C'est-à-dire que je pourrais vous devoir...

— Que vous me devrez... à minuit !

— Oui, mais regardez votre montre, et dites-moi, je vous prie, l'heure qu'il est?

— A quoi bon?...

— Dites toujours!

— Eh bien, il est huit heures...

— Bien! Or, si vous deviez me compter trente mille réaux par heure de gagnée, savez-vous combien vous me devriez?...

— Fort peu de chose, j'imagine.

— C'est ce qui vous trompe... vous seriez mon débiteur de cent quarante mille réaux, car il y a déjà quarante-cinq minutes que Rita est en mon pouvoir... ce qui me donne quatre heures trois quarts d'avance sur ma propre parole... je m'étais engagé pour minuit... j'ai réussi à sept heures.

— Vous êtes un homme unique... mais qu'attendez-vous pour rejoindre votre belle ingénue?...

— Rien!... je suis en veine de générosité, et j'ai envie de vous proposer l'honneur de réduire cette vertu farouche...

— A moi?...

— Mon Dieu, oui!... Je vous payerai ainsi toutes mes vieilles dettes en bloc... et je ne serai pas infidèle à Paquita, qui a grande envie d'avoir un exemple à suivre...

— Voilà de la vertu évangélique!

— Non, cher ami, de la diplomatie!

— Comment?...

— Je suis fort mal avec Sa Majesté... et je trouve plaisant de lui garder une de ses maîtresses de cœur... d'autant plus que le contre-coup atteint juste ce pauvre baron, dont je déteste cordialement la sottise... Comprenez-vous?...

— A merveille!... mais Rita?

— Je vous le répète, je vous la cède...

— Mais, c'est que je suis homme à accepter!...

— J'ai bien compté là-dessus...

— Alors, cher ami, fit gaiement le chevalier, marché conclu...

— C'est cela... et à charge de revanche, reprit don Juan avec une expression dont Estevan de Tavera ne comprit pas toute l'ironie.

Puis, après un instant de silence, il ajouta :

— Maintenant, prenez le mot d'ordre, sans lequel mon cerbère de José ne vous laisserait pas passer : *Amour et oubli!*... couvrez-vous de cette cape et de ce chapeau qui vont faire de vous el señor de Mañara... et salut à Sa Majesté don Juan, premier du nom!... »

L'échange des capes et des chapeaux eut lieu, et lorsque le chevalier se fut éloigné d'un pas léger et le sourire aux lèvres, don Juan voulut s'amuser de cette aventure, et la conter à quelques-uns de ses joyeux compagnons de débauche et d'intrigue; mais une tristesse involontaire en même temps qu'inconnue s'était subitement emparée de lui, et il ne put desserrer les dents que pour se dire :

— Décidément, je crois que je viens de faire une mauvaise action... ce n'est certes pas la première... et j'espère que ce ne sera pas la dernière... mais enfin, c'est une mauvaise action plus mauvaise que les autres... et il me semble que je la regrette? Vieillirais-je?...

IV.

Comme à quelque temps de là il sortait du *recreo,* un vieillard pâle et désolé, la lèvre contractée, le regard fébrile, les vêtements en désordre, se précipita audevant de lui.

C'était le *tio Arieta.*

— Ma fille! monsieur, rendez-moi ma fille! s'écria-t-il avec désespoir, d'une voix sourde et à la fois pleine de sanglots.

— Or çà, êtes-vous fou, père Arieta? fit don Juan en repoussant le pauvre diable.

— Fou! répéta le vieillard hors de lui, parce que la vie de mon enfant est la mienne; parce que son âme est honnête et pure; parce qu'il vous a plu de me voler mon trésor, et que je viens vous l'arracher?... fou! parce que je demande justice et que devant Dieu, monsieur, je vous dis que vous avez été lâche et infâme.., ah! convenez-en, il n'y a pas assez de fous de mon espèce!...

— Je ne sais ce que vous me voulez, brave homme, répondit don Juan malgré lui troublé par l'accent si vrai de cette douleur.

— Ah! vous ne savez pas? reprit le maître à danser avec une amertume profonde, c'est que vous ne savez pas ce que c'est que d'être père, vous qui n'avez le courage d'aucun devoir, tandis que moi..... voilà la seconde fois...

Don Juan avait tressailli imperceptiblement; le *tio Arieta* continua d'une voix incisive et ironique :

— Et cependant je pourrais peut-être, en cherchant bien dans mes souvenirs, retrouver le fil de certaine histoire qui, je l'espère du moins, vous rendrait mon désespoir plus facile à comprendre...

— Que m'importent vos histoires? ricana don Juan.

— Monseigneur parle haut, dit le maître à danser, je vois qu'il veut des auditeurs... Eh bien, soit! la chose n'est pas impossible, et nous en trouverons ici qui ont connu la pauvre héroïne de mon triste récit...

Don Juan fit un pas pour sortir.

Sans avoir l'air d'y prendre garde, le *tio Arieta* commença doucement :

— Il y a de cela seize ans... une jeune fille, aussi chaste que belle, aussi bonne que pure, et aussi intelligente que belle et bonne, débuta au *recreo*.

Don Juan, qui s'était arrêté, revint sur ses pas. Le maître à danser poursuivit :

— Courtisée par un noble et puissant gentilhomme, elle repoussa le vice qui avilit pour l'amour qui élève, le grand seigneur qui déshonore pour l'humble artiste qui épouse... mais un soir, enlevée de force par des valets armés, elle fut entraînée dans je ne sais plus quelle maison infâme... et là...

— Rita !... murmura don Juan.

— Ah ! vous commencez à vous rappeler maintenant ?... la mémoire va peut-être vous revenir tout à fait ?... La pauvre enfant, devenue mère, quitta Séville et vint chercher un refuge auprès de son père... Il y avait à peine du pain pour un dans la maison désolée du *tio Arieta*... il y en eut pour deux... et bientôt même pour trois. Et quelle fête ce fut dans la pauvre demeure quand le bon Dieu lui envoya un petit ange pour l'animer de ses sourires enfantins !... Tout changea, tout devint couleur de rose et d'espérance... et la misère elle-même parut légère... le *tio Arieta* avait une seconde fille : il n'aurait pas donné son sort pour celui du roi, et sa chaumine pour l'Alcazar !

— Et cette fille ? demanda don Juan avec une émotion dont il se serait cru incapable quelques minutes auparavant.

— Elle aura sans doute le sort de sa mère, fit le maître à danser amèrement. Et à présent, monseigneur, faites appeler vos valets pour me chasser, et répétez comme tout à l'heure encore que je suis fou!

Don Juan avait pâli; ses lèvres s'étaient violemment contractées; ses yeux jetaient des flammes, et soit par un geste habituel, soit involontairement, il porta la main à la garde de son épée et la serra avec force.

— Par l'âme de Satan? s'écria-t-il enfin en s'adressant au *tio Arieta*, qui donc vous a ainsi jeté au travers de ma vie?

— Vous devez le savoir, monseigneur, et reconnaître qu'il n'y a pas eu de ma faute si nous nous sommes rencontrés...

— Soit! fit don Juan avec impatience; seulement, puisque j'avais déshonoré votre fille... pourquoi n'être pas venu alors à moi, pourquoi ne m'avoir pas tout dit, pourquoi ne m'avoir pas demandé une réparation?

— Ah! ah! monseigneur, il paraît que vous revenez à de meilleurs sentiments, et que vous comprenez enfin que le père se sent revivre dans sa fille, et que le déshonneur de l'un atteint et flétrit l'autre?...

— Je ne comprends qu'une chose, c'est que vous m'avez dit que Rita était l'enfant de cette autre Rita que j'ai aimée un moment... et perdue!... C'est que Rita a été enlevée par mes gens, et qu'en cet instant elle est en tête-à-tête avec le chevalier de Tavera!... Vous voyez bien qu'il faut que je sache si elle est réellement ma fille?

— Voilà un *réellement* bizarre, monseigneur... et à

l'ombre duquel vous allez sans doute laisser s'accomplir le plus lâche de tous les crimes! Je gage qu'il va vous falloir des preuves authentiques... à l'appui de ce que je viens de vous dire?

— J'attends! répliqua froidement don Juan.

Le *tio Ariela* prit un siége et s'assit.

— En ce cas, monsieur, dit-il, permettez-moi d'en faire autant!... de plus, comme je suis vieux et que ça pourra être long, permettez-moi d'attendre dans ce fauteuil!... Ah! que voulez-vous, on ne saurait tout prévoir!... une jeune fille est arrachée à son père par un grand seigneur qui la déshonore et l'abandonne... quelques mois s'écoulent, un enfant vient perpétuer ce souvenir d'une heure... Pauvre enfant! on aurait bien pu le jeter à la voirie... et faire une place à sa mère à la fosse commune... de cette façon, il n'en était plus question... mais le *tio Ariela* était là, et le *tio Ariela* ne connaît pas encore ces façons de grand seigneur... si bien qu'il sauve ses deux enfants!... Un peu plus tard, il est vrai, sa propre fille meurt à la peine, et au moment de mourir elle écrit au père de son enfant la lettre que voici :

« ....A vous qui m'avez tuée, je confie la vie du » pauvre ange que le ciel vous a donné. Peut-être ne » serez-vous pas cruel deux fois; peut-être même réhabiliterez-vous la mère dans la fille; peut-être l'aimerez-» vous pour deux... en ce cas, soyez encore béni, et » comptez sur les prières de » RITA. »

— Bon! reprit le maître à danser après un moment de silence calculé, qui peut garantir au seigneur don Juan l'authenticité de cet écrit et la véracité de mes paroles?... Moi! Allons donc, je suis un fou!... la lettre elle-même!... Eh! n'a-t-on pas composé vingt fois des documents pareils?... Franchement, tout ceci pourrait bien n'être qu'une mystification!... qui sait! même une infamie! je ne suis pas certain (rien ne prouve le contraire) de ne pas appartenir à la grande famille des intrigants de la pire espèce, et de ne pas chercher à vous vendre à prix d'or l'enfant perdu de quelque courtisane éhontée?...

— *Tio Arieta*, fit don Juan tristement, vous voulez me prouver que vous maniez aussi bien l'ironie et le sarcasme que moi le pistolet ou l'épée...

— Mon Dieu, non, monseigneur, répondit le maître à danser avec un calme apparent, sous lequel il avait bien de la peine à cacher l'indignation de son âme. Je me contente d'admirer la nature humaine et de voir comment un père peut assister impassible au déshonneur de sa fille.... Pendant que vous attendez tranquillement ici la preuve de la naissance de votre enfant, le chevalier de Tavera est enfermé amoureusement avec elle....

— Par l'âme de ma mère, seul souvenir que j'aie jusqu'à présent respecté au monde! s'écria don Juan avec force, je jure Dieu que j'arriverai à temps pour sauver Rita ou pour la venger! car une voix secrète commence à me dire que je dois vous croire...

En ce moment, don Estevan de Tavera entra, le sourire sur les lèvres, l'œil en feu, la joue animée...

— Chevalier, d'où venez-vous? demanda Mañara en se précipitant au-devant de lui.

— Vous le savez, je viens d'où vous m'avez envoyé, répondit légèrement celui-ci.

— En ce cas, reprit don Juan en pâlissant, vous allez me suivre sous l'arche de la Macarena; vous avez votre épée, j'ai la mienne... Dieu fera justice!..

— Justice... à qui?... à propos de quoi?... Avez-vous perdu l'esprit, cher ami, ou bien seriez-vous, par hasard, devenu subitement amoureux de Rita?

— Don Juan l'aime en effet, fit vivement le maître à danser en s'avançant.

— Il est un peu tard, répliqua don Estevan, et je vous préviens que, tout dieu de l'amour qu'on vous appelle, vous aurez cette fois affaire à plus forte partie que vous, cher ami.

— Que voulez-vous dire, chevalier?... prétendriez-vous que votre nom vaille mieux que le mien, que votre épée soit de meilleure trempe que celle que je porte, et qu'enfin votre poignet soit plus sûr que mon bras?

— En vérité, non!... aussi ne s'agit-il ni de mes titres, ni de mon épée, ni de ma force ou de mon adresse.

— De qui donc alors parlez-vous ?

— D'un homme qui commande à tous... qui a vingt bras pour frapper, vingt lames pour tuer !

— Le roi ! murmura don Juan.

— Oui, cher ami, le roi !... et souvenez-vous bien... ceci remonte au dernier bal de la cour... vous aviez enlevé à Sa Majesté doña Ana. Le roi pouvait vous envoyer aux Philippines ; il fut clément et se contenta de vous envoyer... des lettres de noblesse pour votre petite cousine d'Aragon... seulement, le lendemain de cet envoi, il vous dit confidentiellement :

— Don Juan de Mañara, vous chassez quelquefois sur les terres royales... bien ! on vous le pardonne... mais souvenez-vous que le roi ira un jour prendre sa revanche sur les vôtres... quand ses limiers y auront flairé quelque gibier d'importance.

— Or, ajouta le chevalier, tout à l'heure, comme je me rendais au galant rendez-vous que vous m'aviez si chevaleresquement offert, j'ai rencontré le baron de Figueroa.

« — Où allez-vous ? m'a-t-il demandé en souriant.

» — Au diable ! ai-je répondu. Je disais peut-être vrai sans m'en douter.

» — C'est-à-dire, a-t-il repris, que vous allez, de joyeuse humeur, terminer une galante aventure ?...

» — Vous vous trompez.

» — Comment ?

» — Je vais la commencer...

» — Seulement?... tant pis alors...

» — Pourquoi?

» — Eh! mon Dieu, a-t-il fait légèrement, j'ai vu tantôt cette enfant... cette petite Rita... d'auprès de laquelle je supposais que vous veniez... et je crois qu'elle pourra agréer les hommages du roi... qui, en vertu d'un traité verbal avec notre ami commun don Juan de Mañara, a droit à la première conquête ou capture de celui-ci... Et maintenant, chevalier, voyez si vous voulez lutter avec Sa Majesté ou plutôt avec les laquais de don Juan... » Car, ajouta plaisamment don Estevan, ce qu'il y a de piquant dans cette aventure, cher ami, c'est que c'est sous votre nom, et peut-être même sous une de vos capes, que Sa Majesté se présentera, seule et masquée, à une heure du matin, en votre mystérieux petit hôtel...

— Cela ne sera pas! s'écria don Juan avec une sombre énergie.

— Est-ce ainsi que vous observez les traités? demanda le chevalier.

— Certes non! se hâta de répondre le *tio Aricta*, le seigneur de Mañara est un bon et loyal gentilhomme qui tient chevaleresquement sa parole... une fois qu'elle est donnée.

Puis, se tournant vers don Juan, qui, pâle et l'œil

enflammé, le regardait sans paraître le comprendre, il ajouta à demi-voix :

— Il n'est pas encore une heure... rien n'est donc perdu....

— Comment?...

— Paquita doit revenir ici pour vous prendre... vous l'emmènerez où vous avez fait conduire Rita...

— Impossible!

— Pourquoi?

— Parce que Paquita n'est plus assez amoureuse pour courir après moi, et qu'elle se contente de m'attendre paisiblement en recevant quelques amis...

— Des amis?.., elle les renverra...

— Mais elle a des invités aussi...

— Elle ne les recevra pas...

— Des gens venus pour souper? fit don Juan en souriant malgré lui.

— Eh! répliqua vivement le maître à danser, ce ne sera pas la première fois, j'imagine, qu'elle aura mis son monde à la porte pour vous... les femmes n'ont rien à vous refuser, seigneur don Juan, tout le monde sait cela à Séville... et ailleurs!... Paquita fera ce que vous voudrez qu'elle fasse!...

. . . .

V.

Minuit venait de tinter à toutes les horloges de Séville, et dans l'élégant boudoir d'un petit hôtel au patio de marbre, une jeune fille, penchée à demi sur la poitrine d'un beau cavalier, lui souriait et l'enlaçait de ses bras caressants.

Cette jeune fille, c'était Rita la danseuse! ce beau cavalier, don Juan de Mañara!

— Tenez, disait ce dernier en effleurant de ses lèvres le front de la pauvre artiste, jamais je n'ai si bien compris le bonheur que depuis que je vous sais ma fille!...

— Bien vrai?

— Oui, ma Rita, car il y a dans l'enfant qui vient je ne sais quel rapprochement touchant avec la mère qui s'en va!... Tu résumes pour moi le passé, le présent et l'avenir! En te contemplant, je me souviens et j'espère! Ta main si mignonne et si blanche dans ma main indigne de la presser, ton regard si doux, ton sourire si candide et ton cœur si pur, tout cela, qui est mon bien, que nul ne peut me disputer, qui donne à mon cœur des battements inconnus... c'est l'ivresse, vois-tu, c'est la vie, c'est l'amour paternel!

Rita ne répondit pas, mais elle regardait son père, puis le regardait et le regardait encore... n'était-ce pas la meilleure de toutes les réponses?

— Dis-moi, Rita, reprit doucement don Juan, m'aimeras-tu?

La jeune fille leva sur son père ses grands yeux.

— Pouvez-vous en douter? fit-elle avec reproche.

— Tu me dis *vous?*

— Ce n'est pas moi, ce sont mes lèvres; mais mon cœur, lui, dit franchement : Mon père, *je t'aime!*

— C'est bien sûr, cela?..,

— Vas-tu encore douter?...

— Tu as raison, et j'oublie toujours qu'une fille n'est plus une femme comme les autres!... ainsi, tu m'aimes... et surtout tu m'aimeras?...

— Je réponds de l'avenir comme du présent, dit en souriant Rita.

— Bien! continua don Juan; ainsi, voilà qui est convenu... tu laisseras parler ton cœur près du mien... tu auras en moi pleine et entière confiance... nous serons deux amis, deux frères...

— Dont une sœur, fit observer gaiement la jeune fille.

— Et tu ne me cacheras rien... à commencer par tes peines de cœur... lorsqu'elles seront venues...

— Tu le veux?

— Assurément, afin que nous puissions y chercher ensemble un remède...

— Le *tio Arieta* l'avait trouvé tout seul, fit la jeune fille en baissant les yeux.

— Par prévoyance?

— Non, par sagesse... car, ajouta-t-elle plus bas, je crois que le mal est déjà venu et que... j'aime quelqu'un....

— D'amour?...

— Je ne sais pas... mais cela pourrait bien être. Je l'aime depuis que je le connais... et je le connais depuis si longtemps!...

— Qui?

— *Lui!*... mon frère de lait... Valero!

— Ah! il s'appelle Valero?...

— C'est un joli nom, n'est-ce pas?... Eh bien, il est encore beaucoup mieux que son nom... et puis si bon!...

Don Juan sourit involontairement; la jeune fille continua :

— Lorsqu'il est près de moi, vois-tu, lorsqu'il me parle, je sens mon cœur battre à se rompre; lorsque sa main effleure la mienne, je sens tout mon corps frissonner, et, quoique nous soyons de bien vieux amis, s'il me regarde, je demeure interdite et tremblante auprès de lui... Le *tio Arieta* prétendait que c'était là de l'amour... et toi, mon père?...

— Je le crains...

— Toujours ce vilain mot!

— Enfant, veux-tu donc que je dise : *Je l'espère?*

— Mieux encore!

— Quoi donc?

— *Je le désire.*

Puis, du regard caressant son père, Rita ajouta avec une délicieuse câlinerie :

— Si tu le connaissais, tu l'aimerais autant que moi...

— Autant que toi... c'est beaucoup! fit don Juan en jouant avec les boucles soyeuses de la tête qui se pressait sous ses lèvres, tu serais jalouse!

— Essaye donc ! répondit la jeune fille avec une adorable espièglerie.

— Avant tout, il faut le voir, ce beau héros du roman de ton cœur...

— Rien n'est plus facile!... tous les matins il venait m'apporter des fleurs chez le *tio Arieta*... et tu ne voudrais pas qu'il renonçât à une aussi bonne habitude... j'aime tant les fleurs!

Don Juan sourit de nouveau. Il était déjà si tendrement épris de sa fille, qu'il ne se sentait pas le courage de lui rien refuser. Il commençait, d'ailleurs, une vie nouvelle, il déchiffrait pour la première fois une page encore inconnue de son propre cœur, et il y a de ces jours dans la vie où l'on se sent si complétement heureux que l'on voudrait pouvoir donner le bonheur à tous. Mais, hélas ! le temps fuit rapide, la vie est courte, et chaque minute écoulée est un plaisir évanoui, une joie perdue! On frappa trois coups discrets à la porte du boudoir où se passait la scène que nous venons de raconter. Don Juan pâlit et tressaillit à la fois, lui qui ne tremblait et ne tressaillait jamais.

— Allons, ouvrez, ma charmante, fit une voix qui cherchait évidemment à se déguiser, c'est moi... don Juan de Mañara!

Rita, à son tour, tressaillit et pâlit, puis involontairement s'éloigna de son père.

— Je suis maudit! murmura sourdement don Juan.

— Eh bien! reprit la voix d'un ton moins doucereux, pensez-vous, ma toute belle, que je sois venu si près de vous pour m'arrêter à la porte?... détrompez-vous en ce cas. C'est au combat que le soldat apprend à vaincre!... C'est la résistance qui prépare le triomphe de l'amant... or vous savez que j'ai pour habitude de triompher toujours!

— Mais quel est donc cet homme? demanda Rita tremblante et effrayée.

— Le roi! répondit don Juan.

— Par le Christ! s'écria le prétendu seigneur de Mañara, vous n'êtes pas seule, à ce que je crois.

— En effet, Sire, dit don Juan en poussant la porte du boudoir et en la refermant après être sorti, la señorita Rita était là en tête-à-tête avec moi.

— Ah! ah! ricana le roi froidement, vous n'êtes donc pas encore parti pour les Philippines, monsieur?

— Votre Majesté le voit... et je doute qu'elle ignorât en venant ici qu'elle venait chez moi!

— Non, certes!... à telles enseignes que pour y être mieux reçu, j'avais pris votre nom et jusqu'à un de vos chapeaux et une de vos capes... Mais je sais aussi que je suis roi d'Espagne, ce qui signifie que j'ai pour coutume de me faire obéir... vous allez donc m'ouvrir la porte de ce boudoir, dans lequel vous étiez enfermé il y a un instant, parce que je l'ordonne, parce qu'il y a là une femme qui m'appartient, une femme que j'aime...

— Que vous aimez, Sire?

— Que j'aime, monsieur.

— Sans l'avoir vue?

— Sans l'avoir vue!

— Votre Majesté me permettra du moins de douter...

— Sa Majesté ne permet jamais à ses sujets d'avoir une autre opinion que la sienne...

— Mais si cette femme que vous ne connaissez pas, que vous n'aimez pas, Sire, m'était chère?...

— J'en serais fâché, répliqua le roi d'un ton glacial, car j'ai résolu d'en faire ma maîtresse...

— Cependant, si c'était... ma sœur?...

— Votre sœur?... Cela ne changerait pas mes résolutions... mais, Dieu soit loué, et pour l'acquit de ma conscience, je sais qu'il n'en est rien! les amours ne m'ont pas brouillé la mémoire ainsi qu'à vous, et je me rappelle parfaitement que votre père mourut avant votre naissance, que votre mère fut la plus vertueuse de nos dames de la cour... et qu'il n'y eut jamais d'autre descendant que vous de la famille des Mañara...

— Peut-être, Sire...

— Après tout... que m'importe! C'est votre affaire et non la mienne! voyons, je veux bien encore vous pardonner aujourd'hui; mais à l'avenir tâchez d'être de meilleure foi et surtout d'avoir un peu plus de philosophie... Je n'ai pas fait tant de façons, moi, le roi, pour vous laisser m'enlever le cœur de Paquita!

— Sire, vous n'entrerez pas! fit don Juan d'un ton ferme et résolu.

Le roi recula de deux pas.

— Vive Dieu! fit-il, vous avez sagement agi en ajoutant ceci à vos folles et menteuses paroles de tout à l'heure... car, malgré nos conventions et vos promesses d'autrefois, je me demandais intérieurement de quel droit réel je m'introduisais, la nuit, chez vous, pour vous disputer la femme que vous aimez et le plaisir dont vous vous enivrez?... Vous le voyez, j'avais des scrupules... et vous étiez sur le point de triompher de ma bonhomie... mais à présent, don Juan, j'ai un motif pour franchir le seuil de cette porte : vous me l'avez défendu!

— Sire, vous ne le franchirez pas!

— Plaît-il?

— Je dis, Sire, répéta don Juan froidement, que vous ne le franchirez pas!

— Vraiment? ricana le roi. La chose commence à devenir plaisante... et l'on croirait, à nous voir et à nous entendre tous les deux, que nous jouons la comédie...

— Triste comédie, Sire!

— En effet, car son dénoûment pourrait bien tourner à la tragédie pour l'un des acteurs... C'est pourquoi, au nom de vos héritiers (et vous devez en avoir beaucoup!), je vous donne une dernière fois le conseil paternel d'ouvrir cette porte...

— Sire, demandez-moi ma vie, ne me demandez pas cela...

— Oh! votre vie, je n'en ai que faire... et si je voulais la prendre, croyez-moi, monsieur, je la tiendrais au bout de ceci...

Et comme en disant ces mots le roi avait porté la main à la garde de son épée, don Juan en fit involontairement autant, et un éclair de colère indomptée brilla dans ses yeux.

— Sire, dit-il avec violence, par le sang du Christ et celui de la Vierge sa mère, ne me forcez pas à croiser le fer, car il y a dans ce cliquetis répété des épées, dans cet assaut de force et d'adresse, quelque chose d'étrange et d'enivrant qui me monte au cerveau et m'exalte... Je ne verrais plus le roi, et je tuerais malgré moi mon adversaire!...

Pour toute réponse, le maître des Espagnes sourit dédaigneusement et tira lentement son épée du fourreau.

— Sire, reprit don Juan d'un ton suppliant après un instant de silence, ne faites pas cela!... S'il ne s'agissait que de moi, je briserais la vieille lame de mes aïeux et je vous dirais : Frappez-moi ! Mais à voir la manière dont je défends cette porte, vous devez comprendre qu'il y va de plus que ma vie que vous n'en franchissiez pas le seuil !... Voyez, Sire, tout à l'heure je parlais haut, je tenais tête à mon souverain, maintenant je plie le genou devant lui et je lui demande grâce...

— A ce beau morceau d'éloquence, je répondrai, monsieur, que je vous aimais mieux tout à l'heure qu'à présent... je reconnaissais du moins un Espagnol... et je ne retrouve plus même un homme !

— Sire ! s'écria don Juan en se relevant.

— Monsieur ! fit le roi fièrement.

— En garde !

— A la bonne heure, vive Dieu ! je ne suis pas fâché de vous prouver qu'on ne lasse pas en vain la patience d'une tête couronnée, et que nous savons châtier de notre propre main qui nous brave...

Et les deux épées se cherchèrent un instant, puis un éclair jaillit, et alors elles glissèrent rapides, légères, l'une contre l'autre, battant l'air de leurs mouvements multipliés, lorsqu'un homme masqué et couvert d'une longue cape vint tomber entre les deux lames déjà échauffées. Cet homme était le *tio Arieta*.

— Pour Dieu ! dit-il dès qu'il put parler, remettez vos épées dans le fourreau, mes gentilshommes, vous reprendrez plus tard et tout à loisir ce jeu-là, s'il vous amuse; mais le moment est mal choisi pour ferrailler alors que des femmes jeunes et jolies vous attendent et que le plaisir vous appelle!... A demain les affaires sérieuses!

Le roi et don Juan regardèrent le maître à danser d'un air étonné.

— Nous arrivons du *recreo*, continua celui-ci, et les ordres donnés par le baron de Figueroa ont été religieusement exécutés... Maintenant, mes gentilshommes, dites-moi lequel de vous deux est don Juan de Mañara, celui dont le noble intendant a su préparer adroitement le cœur de Rita?...

— C'est moi! fit le roi.

— En ce cas, reprit le *tio Arieta* en désignant la porte dont l'entrée avait été si énergiquement disputée au roi, à vous la belle, monsieur de Mañara!

Et il poussa tranquillement la porte, qui s'ouvrit comme d'elle-même.

Don Juan voulut s'opposer à ce que le roi entrât dans le boudoir; mais, sur un geste du maître à danser, il céda la place et s'inclina courtoisement devant le souverain, qui grommela entre ses dents :

— Enfin, ce n'est pas malheureux!

— Bonne chance, monseigneur, ricana le *tio Arieta*, mais n'oubliez pas que vous êtes don Juan de Mañara; c'est lui qu'on attend!

Le roi se retourna brusquement, réprima un mouvement de dépit, et entra.

— Eh bien, monsieur de Mañara, comprenez-vous à présent? demanda le maître à danser en se démasquant, et ne pensez-vous pas que si tous les comédiens étaient aussi grands politiques que moi, il n'y aurait bientôt plus à la cour que des comédiens, et au théâtre que de profonds politiques, c'est-à-dire des comédiens partout!

— Je ne vous devine pas encore.

— Vous devez cependant bien penser que Rita n'est plus dans ce boudoir, puisque j'y ai fait entrer le roi, mais qu'elle a été remplacée par une autre femme, puisque Sa Majesté y demeure...

— Je comprends tout cela, parce qu'il me faut croire en vos paroles... ce que je ne comprends pas, c'est la manière dont vous avez pu réussir à substituer, dans ce boudoir, une seconde personne à la première...

— C'est cependant bien simple...

— J'aurais juré que c'était impossible...

— Voyons, monsieur de Mañara, qu'y a-t-il de remarquable dans votre boudoir?...

— Je ne sais pas au juste, car j'y crois tout d'un assez bon goût...

— D'accord!... Seulement, pour un homme qui est dans la rue et qui veut entrer dans une maison, la chose la plus remarquable est... une fenêtre! Or, à ce boudoir, il y a un balcon et une fenêtre!... Charmante chose qu'une fenêtre, par où la brise entre et sort, selon son caprice du moment. Quand vous rêvez d'amour... où s'envolent vos songes?

— Au ciel!

— Oui, mais d'abord?... par la fenêtre! Par où vous arrivent souvent des accents chéris?... par la fenêtre! qui ouvre passage aux regrets? votre fenêtre! où voyez-vous régulièrement la première femme que vous aimerez?... à la fenêtre! comment s'enfuient les financiers et les femmes galantes? par la fenêtre! par où jetez-vous votre argent? par la fenêtre! comment votre fille Rita est-elle sortie de ce boudoir?... par la fenêtre! comment Paquita, qui venait l'y remplacer, y est-elle entrée?... par la fenêtre!... Vous voyez bien, monseigneur, que de toutes les choses utiles dans la vie, précieuses dans un hôtel, c'est la fenêtre qu'il faut placer en première ligne!...

— Vous êtes à la fois philosophe et poëte, *tio Arieta*, dit don Juan en serrant cordialement la main du maître à danser; de plus, vous êtes homme de cœur!

— J'aime mieux cela, monseigneur.

— A partir de ce moment, ajouta Mañara, ma fortune et ma vie sont à vous...

— Oh! monseigneur, c'est trop!... La vie, je ne dis pas... si cela était possible, on pourrait peut-être accepter.. afin d'avoir le temps de voir heureux tous ceux qu'on aime!... quant à la fortune, je ne la déteste pas, chez les autres. Mais j'y suis personnellement si peu habitué, qu'elle m'effrayerait. Que voulez-vous, monseigneur, je suis ainsi fait que je ne me sens joyeux que lorsque j'ai la bourse légère, — il est vrai que je suis souvent joyeux ! — aussi ne vous demanderai-je qu'une seule chose, ma fille, ma Rita... et encore n'est-ce pas pour moi, mais pour son cousin Valero... Pauvres enfants ! ils s'aiment depuis qu'ils se connaissent ! Et il y a si longtemps qu'ils se connaissent, qu'il est bien juste de récompenser une fidélité de seize ans ! acheva le *tio Arieta.*

— Eh bien, fit don Juan, votre demande sera agréée ; d'ici à quelques jours, vous marierez sans bruit Valero et Rita... celle-ci abandonnera la danse, et nous nous retirerons tous quatre dans ma terre de la Manche, où je reconnaîtrai, grâce à un contrat de mariage simulé, Rita pour ma fille légitime... Êtes-vous content de moi, *tio Arieta?*

— Je ne sais pas encore, monseigneur, nous verrons !

VI.

À quelques jours de là, à un bal du *recreo,* Valero, le fiancé de Rita, suivait attentivement deux masques dont la conversation paraissait l'intéresser fort, à en juger par la façon avec laquelle il les écoutait et le soin qu'il apportait à retenir sa respiration et à réprimer les battements précipités de son cœur. Les deux masques s'arrêtèrent un instant ; il s'arrêta aussi.

— Vraiment, chère Paquita, disait le cavalier à sa dame, vous calomniez avec tant d'esprit et de finesse, que l'on se prend à aimer la calomnie... et à y croire un peu... par amour de vous.

— Vous n'y croiriez donc pas sans cela?...

— Le fait est, reprit le chevalier en souriant finement et en baisant la main de sa belle maîtresse, que vous êtes la plus spirituelle des femmes!...

— Que voulez-vous, répondit Paquita ironiquement, c'est obligatoire.... je n'ai que cela!... je ne suis pas une Rita...

— Mauvaise!

— Une de ces petites personnes à vertus habiles, qui font de l'amour sous le masque et ne laissent tomber leurs blanches tuniques que lorsque la porte est bien fermée... une de ces colombes qui roucoulent seulement de minuit à six heures du matin, et qui ont bien soin de conserver leurs ailes pour laisser croire qu'elles sont toujours prêtes à retourner au ciel!... Ah! chevalier, nous avons été tous les deux bien joués... ou plutôt tous les trois, car le roi a eu sa part dans la mystification... Et sainte n'y-touche a rendu des points à sainte Madeleine!...

— C'est vrai.

— Heureusement que nous avons eu le bon esprit de chercher à nous consoler réciproquement, fit la danseuse d'un air moqueur. Puis elle ajouta : Savez-vous qui je plains le plus au fond de tout ceci? c'est ce pauvre Valero... un joli et brave garçon, qui est capable d'en mourir...

— Allons donc, est-ce qu'on meurt pour ces misères-là?... A ce compte, la moitié du genre humain devrait porter le deuil de l'autre...

— Voilà bien les hommes... frondant tout, et ne compatissant jamais à la souffrance...

— Paquita, vous tombez dans l'excès contraire...

— Et je m'en glorifie comme d'une vertu!... Je guéris au grand jour les blessures faites dans l'ombre; on flétrit, je ranime; on fait verser des larmes, je les sèche... mais après cela, je sais bien que je ne vais pas à la cheville de la señorita Rita!... Oh! quelle différence, je n'entre dans les boudoirs amoureux que lorsqu'elle en sort, si bien que nous nous rencontrons sur le balcon de l'hôtel!... Vous voyez bien, chevalier, qu'il serait presque charitable d'avertir ce pauvre Valero, qui s'en va naïvement poser la couronne de fleurs d'oranger sur un front encore humide des baisers de don Juan!...

— Vous avez raison, madame, fit derrière Paquita une voix convulsive et vibrante.

La danseuse se retourna brusquement, mais elle n'aperçut pas Valero.

Il avait disparu!

VII.

Dans la même petite chambre humble et modeste où le lecteur a fait connaissance avec Rita, au commencement de ce récit, une jeune fille, d'une beauté céleste, essayait, souriante et heureuse, un voile et une couronne de mariée.

Or, cette jeune fille, — on l'a reconnue, — c'était Rita, l'héritière de don Juan de Mañara, et Rita, prête à devenir la femme de celui qu'elle aimait d'un amour si pur, si profond. Tout à coup Valero entra, pâle, les traits décomposés.

— Vous venez bien tard! lui dit la jeune fille d'un adorable petit air de reproche; et elle prit dans ses deux mains charmantes la main de son fiancé. Cette main était brûlante.

— Mon Dieu! ajouta-t-elle avec inquiétude, comme vous êtes agité, Valero!

— Vous trouvez?...

— Cela m'effraye, répondit-elle tendrement...

— Ne vous inquiétez pas... ce n'est rien... j'ai couru pour me procurer ce bouquet... voilà tout!

— Oh! les jolies fleurs! s'écria Rita avec une joie d'enfant en respirant leur parfum.

— Elles vous plaisent donc?...

— Mais sans doute! est-ce que cela se demande?...

— En ce cas, gardez-les par amour pour moi !...

— Oh ! toujours ! murmura la jeune fille.

Valero reprit d'une voix légèrement émue :

— Laissez-moi les attacher moi-même à votre corsage...

— Faites ! lui dit la pauvre enfant souriante de bonheur et palpitante d'amour.

Quand il eut placé, d'une main qui tremblait involontairement, son bouquet de mariée sur le sein virginal de sa fiancée, Valero ajouta :

— Et maintenant, Rita, répondez-moi franchement, m'aimez-vous ?

La jeune fille leva sur lui ses grands yeux étonnés, et reprenant doucement sa main dans les siennes, elle demanda en la posant avec émotion sur son cœur :

— Pour qui battrait-il donc ainsi ?

— Qui sait ? répondit Valero d'une voix forte et mordante, pour un autre peut-être !

— Ah ! vous êtes cruel ! fit Rita avec un cri et en devenant livide.

— Vous m'avez trompé, reprit-il, je me venge !

Et déjà la pauvre jeune fille était retombée, épuisée et mourante, à la même place où, quelques jours auparavant, elle écoutait, attentive et heureuse, les paroles d'amour de Valero.

— Oh ! oui, continua celui-ci d'un ton convulsif et strident, vous m'avez affreusement trompé... mais je me venge! vous m'avez tué, je vous tue!... et vous disiez vrai, vous qui savez si bien mentir : ces fleurs que je viens d'attacher sur votre sein, vous les garderez toute votre vie!

Rita ne répondit pas; elle se laissa doucement glisser sur la dalle humide et froide de la chambre, et d'une voix éteinte elle murmura dans un dernier soupir :

— Valero, je t'aime et je te pardonne!... Puissent Dieu et don Juan de Mañara, mon père, te pardonner comme moi!

A cette révélation tardive et terrible de sa fiancée, Valero poussa un cri déchirant et vint tomber agenouillé auprès de Rita mourante.

En ce moment, don Juan de Mañara entra suivi d'Arieta, qui venait apprendre au futur mari de sa fille le secret connu du lecteur. Le jeune homme se releva rapidement, se précipita à leur rencontre, et leur indiquant le corps gisant et inanimé de la jeune fille :

— Faites silence, dit-il doucement, elle dort!...

Elle était morte empoisonnée!

Et lui, il était fou!. . . . .

. . . .

. . . .

. . . .

Le lendemain, don Juan se convertissait et consacrait, par un acte en bonne forme, toute sa fortune à des œuvres pieuses.

Quant au *tio Aricta,* il avait été oublié dans cette répartition chrétienne, et on le trouva, à quelque temps de là, mort de faim, sous la misérable cape qui lui servait de couchette et de vêtement.

XIII.

DON JUAN TENORIO.

Voilà comment finissent les histoires.... et même les contes. — Indignation des érudits. — Humilité de l'auteur. — Il cherche cependant à se défendre. — Il appelle Molière à son aide. — Don Juan Tenorio. — Ce qu'il était. — Pourquoi don Miguel de Mañara est resté un saint. — A propos de littérature. — L'école sévillane. — Le divin Herrera. — Deux étoiles de Séville.

Et voilà comment finissent les histoires!...

A la nôtre, qui pourrait bien n'être qu'un conte, les chercheurs d'épingles, les érudits, s'indigneront et s'écrieront, pleins d'un mépris superbe, que nous avons torturé les textes, arrangé la chronique, et que jamais — au grand jamais — don Juan n'eut de fille!!...

Sur ce dernier point et malgré notre humilité habituelle, nous ne nous inclinerons pas devant le bonnet carré de *los señores profesores*. Nous soutiendrons, au contraire, que don Juan eut non-seulement une fille, mais plusieurs, sans compter un nombre assez respectable de garçons... et si vous doutez du fait, allez conculter les registres de vos paroisses et les déclarations de vos matrones... vous verrez! On ne s'appelle d'ailleurs pas don Juan pour rien!

Voilà précisément où nous vous attendions! — reprendront en chœur les bonnets carrés — le fondateur de la *Charité*, le digne seigneur de *Mañara* avait pour prénom Miguel... Celui que vous avez confondu avec lui, dans votre légèreté, est *don Juan Tenorio*, dont la vie déréglée et scandaleuse est un fait acquis à l'histoire et a servi de sujet à un drame célèbre... Maintenant, tâchez de vous tirer de là, si vous pouvez!... Pauvre auteur!... essayons de lui venir un peu en aide.

On se rappelle qu'il a existé autrefois en France — il y a bien, bien longtemps — un roi qu'on appelait Louis XIV et qui était plus connu en Europe sous le simple nom de : LE ROI! comme si tous les autres monarques n'eussent été que des princes pour rire qui le reconnaissaient pour chef souverain. Donc, *ce roi*, ou *le roi*, fit en réalité d'assez grandes choses, et parmi celles-ci, la plus grande à nos yeux fut d'immortaliser son siècle par l'éclat qu'il donna aux lettres!...

Le lecteur se souvient peut-être d'un certain MOLIÈRE, qui a écrit quelques comédies assez agréables, que l'on représente encore au Théâtre-Français? Eh bien, ce Molière vivait sous Louis XIV, et un jour que Sa Majesté lui avait demandé une *farce* de carnaval, une pièce *pour rire*, il écrivit *don Juan*, ou le *Festin de Pierre*. Les cinq actes furent achevés en huit jours, et voilà la véritable origine de *don Juan*, ou, si mieux vous aimez, de tous les *don Juan* qui, depuis, se sont répandus dans le monde.

Où Molière prit-il le type de son héros? nous l'ignorons, bien que tout porte à croire que ce fut à Séville, dans *don Miguel de Mañara*, mais ce que nous savons bien, c'est que c'est à son génie que cette grande et étrange figure doit son existence. Molière voulait écrire une folie de carnaval... et l'habitude l'emporta, il fit un chef-d'œuvre! Nul drame n'est à la fois plus simple et plus émouvant, plus leste et plus terrifiant! Aussi vivra-t-il autant que la scène française, autant que le monde!

Longtemps, cependant, on n'a connu cette large composition que par la pièce en vers de Thomas Corneille. Puis l'Odéon et M. d'Epagny la remirent à la scène, ce qui seul suffirait pour les rendre illustres.

Quant au mélodrame espagnol de *don Juan Tenorio*, il ne prouve absolument rien du tout au sujet du type choisi par Molière, Mozart, lord Byron, et, de nos jours, Alexandre Dumas. La tradition est très-précise à l'endroit de *don Juan Tenorio*, et nous défions qu'on y trouve quelque chose ne ressemblant pas à ce qui se passe tous les jours dans certains lieux. *Don Juan Tenorio* était un débauché de bas étage et comme on en compte par milliers dans chaque pays un peu civilisé.

Jamais il ne serait venu à l'esprit de personne (et à Molière moins qu'à tout autre), de traîner une pareille boue sur la scène.

Puisque nous venons de parler littérature, ce serait ici le cas de placer un magnifique chapitre sur l'école sévillane. On sait que cette école a été longtemps une des gloires de l'Espagne, et que le monde lui a dû une pléiade de vrais poëtes, malheureusement trop peu connus de la génération moderne!... Hélas! nous devons renoncer au plaisir de vous parler de tous ces morts illústres, ou qui mériteraient de l'être, et nous devons également laisser dans l'oubli une foule de vivants... qui ne demanderaient qu'à *vivre!*... Nous nous servons de cette dernière expression, parce que, pour un poëte, ce n'est pas vivre que se lever, déjeuner, sortir, rentrer, souper et se coucher. Ce qui est vivre, c'est sentir l'inspiration venir, c'est rechercher le succès et espérer la gloire!... Or, à Séville, il n'y a plus ni succès ni gloire possibles, parce qu'il n'y a plus d'enthousiasme! Le public ne s'émeut que pour les taureaux, n'aime que les taureaux! Sur cent femmes, il n'y en a pas une qui prenne un livre une fois par an!... Comment voulez-vous que dans un pays pareil, il y ait encore des poëtes... des poëtes inspirés, j'entends?... Il leur faudrait mille fois plus de génie qu'ailleurs!

Ce qui nous étonne, c'est qu'on trouve encore des gens qui se souviennent qu'il y a une belle vieille langue castillane dans laquelle a chanté *Herrera*, si justement surnommé *le divin*. C'est triste... et nous en voulons aux Andalouses de mettre tout leur esprit sur leur figure... Cependant, disons-le bien vite, afin de ne pas être accusé de pessimisme, si nous avons cherché le passé de Séville dans ses monuments, nous avons étudié son avenir dans ses hommes. La pierre et le marbre nous ont dit ce qui a été; l'âme et la chair nous initient à ce qui sera. Le règne du monde est à l'intelligence, représentée par toutes ses forces vives, et c'est à l'intelligence qu'il faut demander les secrets du lendemain... Le présent est nébuleux en Espagne, nous l'avouons; mais sous cette brume épaisse, on sent percer une chaleur qui indique que le soleil n'est pas loin; par ci, par là, quelques rayons se glissent furtivement, et ce sont ces rayons qui nous apprennent que le ciel existe toujours.

Pauvre Espagne! On la plaint, mais on l'aime, mais on l'admire, mais on espère pour elle! C'est la vieille maîtresse de tous ceux qui ont aimé, de tous ceux qui ont rêvé, de tous ceux qui ont pensé... et malgré ses rides on la voit toujours jeune, on sent qu'elle le redeviendra, et on entoure son lit de mort sans tristesse, car ce lit vermoulu se changera en un frais berceau... car un doux et enfantin visage s'épanouira bientôt sous ce front éteint, ces yeux glacés par les larmes, ces lèvres contractées par la douleur, ces joues pâlies par les veilles!

Pauvre et heureuse Espagne! elle meurt, mais elle renaît! Nous avons étudié attentivement les symptômes de cette renaissance ou de cette métamorphose, si mieux vous aimez. Nulle part mieux qu'à Séville, nous ne pouvions le faire. C'est là, quoi qu'on en dise, le vrai cœur et la vraie âme de la patrie de Calderon, de Murillo et de Cervantes. Madrid est le masque.... C'est à Séville qu'il faut chercher la tête, l'esprit, la physionomie.

Eh bien, nous avons trouvé dans cette tête de l'Espagne, deux étoiles! et ces deux étoiles, qui lui servent de regard et qui sont tournées vers l'avenir, révèlent qu'elle n'est pas morte, ou plutôt — nous nous répétons — qu'elle renaît! La première est une étoile en habit noir, la seconde une étoile à longue chevelure — comme les comètes — et à laquelle il ne manque, pour s'en retourner au ciel, que deux ailes. Nous commencerons par l'étoile en habit noir. Nous dirons tout de suite que *don Juan José Bueno* est un véritable, un charmant, un ingénieux... et pourquoi ne pas achever entièrement notre pensée? un grand poëte! Tête merveilleusement organisée, cerveau large et bien développé, front découvert et inspiré, regard à la fois plein de tendresse et de profondeur, sourire fin et rêveur, physionomie expressive et mobile, il a tout ce qui de prime abord charme et révèle le génie. Dès qu'on le connaît, on l'aime, tellement c'est une nature suave et artistique. Dès qu'on a lu dix vers de lui, on l'a jugé comme poëte et on l'admire.

Don Juan José Bueno est avocat... avocat distingué s'entend... néanmoins nous le regrettons. Non pas que cette carrière ne mène aussi quelquefois à la postérité par des voies différentes, mais parce qu'ici elle nous rogne de notre poëte. C'est une pièce de belle étoffe antique dans laquelle, à côté d'un vêtement olympien, on taillerait un habit de tabellion! Cependant, don Juan José Bueno est si heureusement doué, que l'avocat, chez lui, ne déteint pas trop sur le poëte et que tous deux restent des personnalités hors ligne et distinctes... Mais que de beaux vers ne nous volent pas les murs mitoyens, les cours d'eau en litige et les successions en déshérence, etc.

Time is money! disent les Américains, et c'est parfaitement vrai pour les marchands d'argent. Mais pour les poëtes, le temps c'est le génie, c'est la gloire, ce sont les magnifiques vers, c'est la postérité! Don Juan José Bueno écrit donc peu... seulement, dans ce peu, il y a une rêverie, un charme, une délicatesse qui ravissent... On dirait autant de perles égrenées sur le papier, autant de sourires et de larmes tombés de ses yeux et de ses lèvres... Sa poésie c'est son âme, c'est son cœur, pour ainsi dire, condensés... on les sent, on les touche... et c'est si rare, une âme et un cœur... même chez un poëte!

Dans les arts, il y a toujours deux choses, les deux éternelles choses qui forment le fond de la nature humaine, le matériel et l'immatériel, la pensée et le travail, l'inspiration et la plume ou le pinceau. Ce n'est que de l'alliance de ces deux forces que naissent les grands, les vrais talents. Chez don Juan José Bueno, la monture du diamant vaut le diamant, le style est à la hauteur de la pensée, on dirait un miroir fidèle dans lequel la muse du poëte n'aurait fait que se regarder. Courage donc, cher maître, vous êtes actuellement une des étoiles mystérieuses qui doivent guider les rois mages de l'intelligence vers le lumineux berceau de l'Espagne ressuscitée... vous serez un jour, si vous le voulez, une de ses gloires! Et je sais que vous le voudrez.

De don Juan José Bueno à la señorita Mathilde Lopez, il n'y a que la différence d'un gilet blanc à une mantille, d'une flamme vive à une autre flamme aussi vive, de la poésie écrite à la poésie notée. L'un pourrait être Alfred de Musset, l'autre Marie Pleyel! Mademoiselle Mathilde Lopez est une jeune fille de dix-sept à dix-huit ans au plus, toute fraîche, toute mignonne, toute charmante, et belle de cette beauté véritable et merveilleuse qui est celle de l'intelligence et qui prouve si bien la vraie supériorité de l'âme sur la chair.

Il est impossible de voir une tête plus complète, un front plus rempli de poétiques harmonies, un œil plus étincelant de feu sacré, plus velouté et plus noyé de divines langueurs tout à la fois, une bouche plus spirituelle et plus caressante, une expression plus suave... en un mot, une forme plus pure servant d'enveloppe à une intelligence plus puissante... Avant d'avoir entendu mademoiselle Mathilde Lopez, nous étions sûr qu'elle était une grande artiste. Il n'y a qu'à la voir pour lire dans son âme, et qu'à lire dans son âme pour deviner les délicieuses mélodies qu'elle fait éclore sous ses doigts de fée.

Elle se met au piano, et d'abord on écoute... puis, bientôt, elle vous emporte dans un monde inconnu (où vous retrouvez cependant don Juan José Bueno), vous oubliez la terre, vous ne vous apercevez pas que vous marchez sur le pied de votre voisin, vous voguez à pleines voiles dans le pays enchanté des songes... vous ne voyez que fées et willis, que sites fantastiques et bosquets de roses!... Petit à petit le rêve vous ramène ici-bas... vous apercevez se dessiner le toit enfumé de la maisonnette où vous êtes né... votre cœur, redevenu enfant, bat plus vite!... vous reconnaissez votre vieux grand-père... votre petite cousine... le banc moussu sur lequel vous alliez vous asseoir avec elle... Hélas! voilà déjà la jeunesse bien loin!... plus d'amours frais et naïfs, mais des passions ardentes et qui tuent!... le passé n'est plus; le présent est à peine... et l'avenir, c'est un cercueil, une fosse de six pieds et une croix de bois!

Cette triste histoire de la vie, mademoiselle Mathilde Lopez vous la raconte avec une intelligence si touchante, elle comprend si bien ce qu'ont écrit les maîtres, elle découvre avec tant de cœur les larmes qu'ils ont laissé tômber sur leurs partitions, la poésie dont ils les ont saupoudrées comme d'un sable d'or, qu'en vous tout se réveille, et que vous la suivez de l'âme dans ce pèlerinage artistique, ainsi que l'on suit une voix qui redit les doux chants de l'enfance... Ces chants avec lesquels votre mère vous berça... que vous avez vous-même répétés plus tard, et qui trouvent toujours un poétique mais plaintif écho dans votre cœur.

Mademoiselle Mathilde Lopez est un pianiste de sentiment, un peintre, un coloriste! Nous l'engageons à ne pas sortir de cette voie, que lui a d'ailleurs tracée son père, homme d'un goût, d'une intelligence remarquables, et son premier professeur. De sa mère, femme également distinguée et artiste, elle tient une éducation et des sentiments qui doivent lui rendre facile l'application de notre conseil.

En somme, c'est un beau, un magnifique talent, auquel nous ne souhaiterions qu'un peu d'atmosphère parisienne, cette atmosphère ardente qui fait éclore le génie et vivifie sans cesse la séve inspiratrice. Jeu délicat, fin et suave, adorable expression de poésie, sûreté d'exécution, agilité, science, charme et puissance, cette jeune fille possède tout ce qui fait les grands artistes. Elle serait certainement une perle musicale dans tous les pays. A Séville, c'est une étoile. Nous ne lui demanderons qu'une chose, au nom de sa gloire, des arts et de sa ville natale, c'est de ne pas finir entre la crémaillère et le pot-au-feu. Nos aïeux disaient : — « *Noblesse oblige!* » Et le talent donc? L'art est la première de toutes les religions... religion qui a son chemin de la croix et son calvaire... mais à laquelle on ne saurait être infidèle quand Dieu nous fait l'honneur de nous appeler au nombre de ses prêtres. Ne l'oubliez pas, mademoiselle, mettez une main sur votre cœur, regardez le ciel et marchez!

XIV.

LE MUSÉE.

M. Ramon Souza. — Sa musique. — Position des compositeurs en Espagne. — M. Ricardo Waldembourg. — M. José Benavides. — Ses drames. — Son étude sur le théâtre. — Trois lignes de points devenues indispensables. — Interrompu par le brouillard — La maison de Pilate. — La manufacture de tabac. — La fonderie de canons. — La pyrotechnie. — Les hôpitaux. — La prison. — Don Pedro de la Llave. — Le musée. — Le salon de Murillo. — Zurbaran. — Valdès. — Herrera le vieux. — La Vierge à la serviette. — Anecdote la concernant. — Montañez. — Torregiano. — Nécessité de construire un chemin de fer de Bayonne à Séville — L'ex-monastère de la Cartuja. — Cornejo. — Le catalogue du musée. — Les ruines d'Italica. — Le cas que l'on en fait !

Nous venons de parler de mademoiselle *Mathilde Lopez ;* ceci nous rappelle que nous avons été souverainement injuste en ne nommant pas son excellent professeur, M. Ramon Souza, musicien d'un goût sûr, pianiste brillant, compositeur d'un mérite réel, et qui, par ses improvisations faciles et heureuses, nous a rappelé le vieux Moschelès. Réparons notre oubli, et disons que nous avons entendu de M. Ramon Souza des fragments d'opéra qui nous ont fait regretter que leur auteur ne fût pas d'un pays où l'on appréciât un peu mieux les jolies choses en musique. Son *Diego Corrientes,* tué sur place l'année dernière à San-Fernando, eût certainement (interprété par des *chanteurs* et joué par un *orchestre*) obtenu un succès réel sur un théâtre véritable. C'est à dessein que nous nous servons de ces expressions élémentaires : *théâtre, chanteurs, orchestre,* car on n'est pas *théâtre* pour contenir deux mille personnes, commodément assises devant une belle scène ; car on n'est pas *chanteurs* pour savoir distinguer un bémol d'un dièse ; car on n'est pas *orchestre* pour être réunis quarante ou cinquante devant une partition que l'on déchiffre à la façon dont nous lirions de l'hébreu.

Franchement, la position des compositeurs n'est pas brillante en Espagne. Pas de *public,* pas de *théâtre,* pas de *chanteurs,* pas d'*orchestre!*... Et avec cela, on voudrait qu'ils fissent des chefs-d'œuvre! Aussi, généralement, ceux qu'on décore du titre pompeux de *maestri,* dans le pays de la *catchoutcha,* du *Jaleo de Jerez* et de *el Ole,* sont-ils de la force de nos compositeurs du boulevard du crime... et encore, pas tous! Par exemple, il y a plus de *musique* dans les *Bohémiens de Paris* et la *Closerie des genêts,* que dans la plupart des opéras-comiques espagnols... Jugez donc! comme dit le Marseillais. Pour cette raison même, les exceptions à cette triste règle sont d'autant plus précieuses, et c'est à ce titre que nous désirerions sincèrement voir M. Ramon Souza en France, en Allemagne, en Italie, voire même en Angleterre. Avec le talent qu'il a et celui qu'il acquerrait, il obtiendrait des succès sérieux et mérités. M. Ramon Souza n'a pas seulement d'heureuses inspirations, il *sait*... ce qui est immense en Espagne, où l'on apprend si peu!... Son instrumentation est originale, et son style, à la fois plein de fraîcheur et de caractère, brille par des qualités qui lui sont personnelles. Bref, c'est un ingénieux compositeur italien transplanté en Espagne, où il s'est inspiré des anciens airs nationaux, et nous voudrions voir son *Aventure à Aranjuez* jouée à l'Opéra-Comique et interprétée par M. Bataille et madame Caroline Duprez!... Malheureusement, il y a loin de Séville à Paris!...

Nous avons encore rencontré, dans l'ancienne capitale des Espagnes, un autre pianiste d'un talent doux et sympathique, qui compose de ravissantes mélodies, M. Ricardo Waldembourg, fondateur de la *Revue musicale espagnole*... Mais celui-là est Allemand, et cela se voit de suite.

Enfin, nous citerons également M. José Benavides, non pas qu'il appartienne à la grande famille des compositeurs, mais parce qu'il rend de véritables services à ceux de Séville, en leur fournissant de gracieux livrets et de jolies romances, le tout élégant et bien rimé, ce qui ne gâte rien, quoi qu'en disent les disciples de

M. Scribe. M. José Benavides, qui rédige le journal le plus important de Séville, est d'ailleurs un auteur connu et estimé. Nous avons vu représenter de lui deux drames fort bien écrits et une gentille petite comédie. Son étude philosophique sur l'état actuel de la littérature dramatique en Espagne et sur la mission du théâtre est pleine d'aperçus judicieux et le style en est excellent. Le seul reproche que nous puissions peut-être adresser à M. Benavides, c'est de s'être trop constamment inspiré des penseurs allemands... mais est-ce bien un reproche... et non pas plutôt un éloge? Quoi qu'il en soit, l'académie sévillane a couronné son travail, et elle a bien fait. Seulement, elle se devait à elle-même de livrer l'ouvrage à l'impression, puisqu'en Espagne les auteurs trouvent si difficilement des éditeurs!...

. . . .

. . . .

. . . .

Les susdites trois lignes de points représentent tout ce que nous avons oublié, ou n'avons pas eu le temps de dire. Le lecteur a sans doute lu souvent des dépêches dans le genre suivant, à l'époque où le télégraphe électrique n'était pas encore inventé :

Paris, 5 heures du soir.

LE ROI VIENT DE FAIRE APPELER M. THIERS; CET HOMME D'ÉTAT A ÉTÉ CHARGÉ DE COMPOSER UN NOUVEAU MINISTÈRE. LA CAPITALE EST. . . . . (*interrompu par le brouillard.*)

Eh bien, ce qui arrivait alors aux dépêches télégraphiques arrive à notre livre. Nous avons attendu la dernière heure de notre séjour à Séville pour l'écrire... et la dernière heure ne nous attend plus! Nous avions cependant encore une foule de monuments à visiter, une foule de chefs-d'œuvre à admirer... mais voilà la vie : des rêves, des projets, des espérances, des aspirations, des désirs, des promesses... et puis, *interrompu par le brouillard!...*

Cela ne nous empêchera pas, même à la hâte, d'entrer au musée, de nous arrêter un instant au palais San-Telmo, de risquer un œil à l'intérieur du cirque, un jour de course de taureaux, et de faire un tour au campo San-Sebastian en pleine *feria de Sevilla!...* Enfin, nous dirons quelques mots de la *maison de Pilate,* de la *manufacture de tabac,* de la *fonderie de canons,* de la *pyrotechnie militaire,* de la *fabrique de fusils et capsules,* des *hôpitaux* et de la *prison.*

La *maison de Pilate* est un véritable palais, que la famille *Ribera* fit construire en 1571, et qui appartient aujourd'hui aux *Medinaceli et Alcala;* ce nom de *maison de Pilate* lui vient de ce qu'elle aurait été refaite sur le plan qu'en traça *Fadrique Enriquez de Ribera,* à son retour de la terre sainte, plan levé sur celui de la maison du fameux Pilate, et dont la grandeur ne saurait être, dans aucun cas, contestée.

La façade, d'ordre corinthien, est en marbre et produit un admirable effet. A gauche de la porte principale, on aperçoit une croix en jaspe, et c'est de là que part le célèbre *Chemin de la croix,* dont plusieurs auteurs ont parlé, et qui serait, à en croire la tradition, une reproduction parfaite de celui que parcourut le Sauveur pour se rendre de la maison de Pilate au Calvaire. Le patio, en marbre blanc, est magnifique; il a 62 pieds de longueur sur 60 de largeur. Une belle fontaine, également en marbre, s'harmonise merveilleusement avec ses hautes et légères colonnes. Les murs d'appui sont couverts d'*azujelos,* et les salles lattérales, d'arabesques en plâtre et de sculptures en bois, d'un goût très-pur, mais évidemment mauresque... ce qui contrarie quelque peu la tradition. L'escalier principal est fort beau; les lambris du salon qui donne sur le patio offrent également, quoique dégradés, beaucoup d'intérêt, et les chapiteaux des colonnes placées dans les galeries qui entourent le jardin se font remarquer par leur légèreté et leur grâce. Nous ne devons pas sortir de la maison de Pilate sans nommer l'un de ses hôtes actuels, M. Barrera, peintre d'un talent très-vif, très-réel et d'une spécialité tout andalouse.

La manufacture de tabac, située dans la partie opposée de la ville, date du commencement du dix-huitième siècle; elle occupe l'espace compris entre la *porte de Jerez*, le camp *Saint-Sébastien* et le palais *San-Telmo*. C'est un immense et fort bel édifice, entouré de fossés comme un château fort, et qui ne compte pas moins de vingt-deux patios intérieurs. Plus de trois mille six cents ouvriers et ouvrières y travaillent tous les jours. On les nomme *cigarreros* et *cigarreras*; ces dernières, beaucoup plus nombreuses que les hommes, forment une espèce de population féminine à part, dans Séville, et quelques-unes d'entre elles, fort jolies, réalisent le vrai type andalou, dans ce qu'il a de plus pur, de plus original, de plus piquant. Quant à la quantité de cigares qui s'y confectionnent annuellement et vont de là empester le monde, nous avouons ne l'avoir pas comptée. Mais nous avons assez bonne opinion du lecteur pour être certain que cela l'intéresse assez médiocrement; nous oserions presque parier qu'il en est de même de la *fonderie de canons*, de la *capsulerie* et de la *pyrotechnie militaire*... nous y entrerons pourtant, ne fût-ce que pour rendre hommage à l'homme charmant et profondément instruit qui nous en a fait les honneurs, don Pedro Lallave, colonel d'artillerie, et l'un des professeurs militaires les plus distingués d'Espagne.

La fonderie de canons s'élève au sud-est de la ville. Elle ne compte pas moins de trois siècles d'existence, et sa construction est à la fois simple et majestueuse. Longtemps elle n'a formé qu'un seul corps de bâtiment, divisé en deux ailes; mais depuis un an environ, des économies réalisées par cet établissement, dont les finances sont merveilleusement administrées, ont permis d'y introduire quelques-unes des améliorations dues à la vapeur et à la mécanique, et un nouveau bâtiment s'est élevé comme par enchantement à côté de l'ancien.

La pyrotechnie militaire, fondée en 1848, et située au sud de la ville, est un édifice très-simple, mais excessivement joli, auquel sa position au milieu d'un bouquet d'arbres donne un prix de plus. On dirait une villa du bois de Boulogne, un chalet, tout ce qu'on voudra de pittoresque et de gracieux, excepté une pyrotechnie militaire.

Séville compte un assez grand nombre d'hôpitaux et d'hospices. Nous regrettons d'avoir à le dire, tous sont tenus d'une façon peu faite pour donner à l'étranger une haute idée de l'assistance publique en Espagne. Chez nous, un chef-lieu de canton de 2,000 âmes rougirait de n'avoir rien de mieux à offrir à la misère malade que le hideux grabat dont la capitale de l'Andalousie lui fait si mesquinement l'aumône. On ne s'étonne que d'une chose, en voyant ces affreux charniers, c'est qu'on en revienne parfois!... Et cela est d'autant plus coupable, d'autant plus honteux — prononçons franchement le mot — que nulle part, comme à Séville, on n'aurait les moyens de bien faire ce que l'on fait mal. Les bâtiments affectés à ce genre de service sont spacieux et magnifiques; l'argent abonde, les hôpitaux sont de véritables palais! Il y a donc un vice d'administration, qu'il importe au gouvernement espagnol de découvrir, d'autant plus que ce qui arrive à Séville a lieu dans toutes les villes de la Péninsule. Une seule fait exception à cette règle... c'est Cadiz; or, tout le monde sait que Cadiz était déjà de cinquante ans en avance sur le reste de l'Espagne, lorsque le maréchal Soult y arriva.

Des hôpitaux aux prisons, il n'y a qu'un pas. Ici comme là, ce sont des maladies, des infirmités, des plaies. Hélas! pauvre humanité. Seulement, en Andalousie, afin que ce pas fût encore plus facile à franchir, on lui a fait un pont d'ignominie et de misère. Jetons un voile et passons. Ce qu'il faut voir en Espagne, aujourd'hui, ce n'est pas l'Espagne moderne, c'est l'Espagne du passé. On ne peut que se souvenir et espérer!... du présent, on n'en parle pas, car il est triste de se dire que le petit royaume des îles Sandwich, sorti hier de la barbarie et situé à six mille lieues de l'Europe civilisée, est moins arriéré, en fait d'organisation matérielle, que l'antique patrie du Cid!!...

La vue du musée nous consolera bien vite des hôpitaux et des prisons de Séville. Cet édifice, jadis couvent, n'offre rien de remarquable à l'extérieur. Intérieurement, on y admire un magnifique et immense patio, planté d'orangers, et qui indique une fois de plus la vie que faisaient autrefois les moines à Séville. Mais ce qui frappe surtout, ce sont les richesses enfouies là et dues au pinceau de *Murillo*, de *Zurbaran*, de *Valdès* et d'*Herrera* le vieux.

Séville est pleine de tableaux du premier de ces maîtres, mais elle a voulu réunir dans un salon spécial du musée une partie de ses chefs-d'œuvre les plus complets et résumant le mieux sa manière. Ce salon vaut à lui seul bien des musées.

Parmi les toiles les plus admirables qu'il renferme, nous citerons :

1° Un *Saint Thomas de Villeneuve faisant l'aumône aux pauvres* et que *Murillo* considérait lui-même comme son chef-d'œuvre.

2° Une *Annonciation de la sainte Vierge*, dans lequel Marie nous apparaît avec une candeur, une ingénuité et une grâce toutes terrestres auxquelles on n'est pas habitué et que *Murillo* a seul su rendre possibles.

3° Une *Conception*, avec un groupe d'adorables petits anges, jolis comme des démons en nourrice.

4° Une *Vision de saint Antoine*, composition plus légère, mais dans laquelle on retrouve l'étincelle du génie.

5° Un *Saint Félix*, avec une vierge et un enfant Jésus, que l'on a envie d'embrasser, tellement ils sont naturels et pleins de bonté.

6° La *Naissance de Jésus,* toile pleine de poésie et qui respire l'espérance!...

7° *Sainte Rufine* et *Sainte Justine,* patronnes de Séville.

8° Un *Christ crucifié se détachant de la croix pour embrasser saint François.*

9° Et enfin, le délicieux petit tableau de la *Vierge à la serviette,* que l'on ne saurait regarder sans attendrissement.

On connaît l'anecdote relative à cette merveilleuse toile. *Murillo* avait déjeuné modestement dans une pauvre posada, et, si minime que fût son écot, il n'avait pas de quoi le solder. Il offrit donc à l'hôtelier, en guise de payement, de lui peindre une sainte Vierge sur sa *serviette,* et de là, le nom resté à cette œuvre qui vaut des millions!...

Au surplus, l'immortel auteur de la *Conception* paya plus d'une fois de la même façon son *puchero* quotidien, car il fut longtemps pauvre et faisait des tableaux à trois et quatre piastres pour les pacotilleurs des grandes Indes. C'est même avec le produit des maigres économies opérées sur ce genre de spéculations qu'il put aller étudier à Madrid, en 1643, sous la direction d'une autre célébrité de l'école sévillane, *Velazquez.*

Dans l'ancienne église de l'ex-couvent converti en musée se trouve une autre *Conception* du même maître, œuvre colossale, désignée pour cela par le nom de *Grande Conception*, et dans laquelle on a voulu voir l'indice d'une révolution prochaine dans la manière de *Murillo*, quand au contraire, selon nous, il ne faut y voir qu'une preuve de plus de la connaissance parfaite qu'avait de la perspective ce peintre sans rivaux en Espagne. Cette dernière *Conception* lui ayant été commandée pour être placée à une grande hauteur, il lui donna des proportions gigantesques et la *brossa* un peu à la façon des décors d'opéra... mais elle n'en reste pas moins une admirable chose, dans le style de toutes ses autres *Conception*. *Murillo*, né à Séville et baptisé dans la paroisse de la Madeleine, le 1er janvier 1618 (voilà une année qui commençait bien), mourut le 3 avril 1682, laissant environ 150 toiles, réputées des chefs-d'œuvre.

Après *Murillo*, *Zurbaran* est l'un des peintres que l'on admire le plus dans le musée de Séville. Un dessin correct, une composition pleine de simplicité et de naturel, une grande vérité, et d'inimitables *clairs-obscurs*, telles sont les principales qualités de ce grand maître, que l'on a surnommé le *Carabagio* espagnol. Zurbaran fut le peintre de Philippe IV et mourut à Madrid en 1662.

Parmi les autres peintres dont l'école sévillane s'enorgueillit avec raison et qui ont aidé à enrichir son musée, il faut nommer : *Francisco Herrera* le vieux, *Juan del Castillo*, le maître d'*Alonso Cano* et de Murillo,

Juan Valdés Leal, Juan de las Roelas, *Pablo de Cespedes, Clemente de Torres, Juan Simon Gutierrez, Cristobal Lopez, Bernabé de Ayala, Francisco Meneses Osorio*, disciple de Murillo et qui avait si bien pris la manière de son maître, que l'on a pu confondre leurs œuvres, *Francisco Varela,* les frères *Polancos*, *Francisco Pacheco, Alonso Vasquez*, etc., etc.

La statuaire n'est représentée dans ce musée que par deux maîtres, mais quels maîtres! *Montañez* et *Torregiano.* C'est-à-dire Phidias et Praxitèle. Rien que pour voir le *Christ* du premier, et le *Saint Jérôme* du second, il vaudrait la peine de faire le voyage de Séville. Qu'on juge, d'après cela, des richesses artistiques que renferme l'ancienne cité des rois, et de la nécessité, pour nous Français, d'avoir un chemin de fer qui rende possible le voyage d'Andalousie.

Dans une salle du bas, de plain-pied avec le patio, on admire la fameuse *Silleria* du chœur de l'église de l'ex-monastère de la Cartuja (transformé aujourd'hui en manufacture de porcelaine par M. Pickmann, riche Anglais auquel Séville doit beaucoup), laquelle *Silleria* est l'œuvre de *Pedro Duque Cornejo,* peintre et sculpteur célèbre, qui fut disciple de *Pedro Roldan,* et a laissé de magnifiques travaux à Madrid, Grenade, et, en dernier lieu, Cordoue, où il mourut en 1757. Au surplus, nous engageons ceux de nos lecteurs qui, par hasard, iraient visiter le musée de Séville, à se munir de l'excellent catalogue publié par la librairie de *D. Francisco Alvarez et compagnie* (*calle de los Colcheros*, n° 25, à Séville), et qui leur sera d'un puissant secours dans cette petite excursion artistique.

Il y a peu ou pas d'antiquités dans le musée de Séville, mais pour les amateurs de ces sortes de reliques, il y a les *ruines d'Italica* qui valent bien à elles seules tous les musées d'antiques. *Italica,* située à une heure environ des portes de Triana, fut, on le sait, le berceau de *Trajan*, d'*Adrian* et de *Théodose.* Comment cette Herculanum a-t-elle disparu? C'est ce que l'on ignore, mais ce que nous savons personnellement, c'est qu'on aperçoit encore, à l'endroit où elle fut, les restes d'un vaste amphithéâtre, un pavé en mosaïque, et une voûte attenante à une sorte d'étang, destiné sans doute à servir de bains. De plus, on découvre tous les jours dans les environs des fragments de statues, des tronçons de colonnes, des chapiteaux, des monnaies de fer, de cuivre et d'argent, etc., etc.; malheureusement, tout cela est en Espagne, et les cantonniers vont chercher là des matériaux pour l'entretien de leurs routes, sans que personne trouve rien à y dire. Pourquoi, par la même raison, ne s'amuserait-on pas à découper les toiles de *Murillo*, de *Zurbaran* et de *Valdès* pour en faire des serviettes? Il en est des sacriléges dans les arts, comme des accrocs à la vertu, il n'y a que le premier pas qui coûte!

XV.

LE PALAIS DE SAN-TELMO.

Son origine. — Date de sa fondation. — Le séminaire. — Les vrais missionnaires de l'Évangile. — État dans lequel se trouvait le palais quand le duc de Montpensier en fit l'acquisition. — Les infants. — Ce qu'ils ont fait de l'ancien collége naval. — Les tableaux. — Les objets d'art. — M. Lecollant. — Le cirque. — Les courses de taureaux. — L'auteur n'a pas changé d'opinion depuis celles qu'il a vues à Lima. — La feria de Sevilla. — Son caractère distinctif. — Le véritable Andalou. — Don Diego (James) Hartley. — *Ave Maria purisima.* — Fin !

Le sol sur lequel s'élève aujourd'hui le palais *San-Telmo* paraît avoir appartenu dès l'origine aux anciens évêques du Maroc, lesquels avaient là une chapelle et probablement aussi quelques petites habitations où ils venaient se réfugier quand la persécution était trop rude chez les Maures et rendait trop périlleuse la résidence de leur diocèse. En 1560, le dernier de ces évêques céda le domaine à l'inquisition qui, à son tour, l'abandonna en 1681 pour y laisser établir un *séminaire.* Mais le lecteur est déjà trop espagnol pour que cette dénomination le trompe. Le séminaire en question était tout simplement un collége où il s'agissait d'élever, non des prêtres, mais des marins, et surtout des pilotes. Qu'importe, d'ailleurs? Les marins de ce temps-là étaient encore de vrais missionnaires de l'Évangile.

La première pierre du collége fut posée le 10 mai 1682, et l'édifice commença à s'élever sur les plans d'*Antonio Rodriguez* et sous les auspices de *San-Telmo*, patron des navigateurs et l'un des compagnons de Ferdinand III, dont il fut, si nous ne nous trompons, le confesseur. L'œuvre avança lentement (comme toutes les œuvres possibles en Espagne), et la façade ne fut terminée qu'en 1734; or chacun sait que dans le pays de Chimène et de Rodrigue, c'est toujours par la façade que l'on débute, à preuve une foule de monuments dont on n'a jamais construit que cela, et c'est dire que le corps de bâtiment lui-même ne fut achevé qu'infiniment plus tard, en 1796, croit-on généralement.

Ce fut dans l'automne de 1849 que monseigneur le duc de Montpensier, autorisé par une loi des cortès, acheta San-Telmo pour en faire sa résidence à Séville. L'école des pilotes n'existait déjà plus depuis assez longtemps et avait été remplacée par un collége naval. L'état de délabrement et d'abandon de l'édifice était alors complet, et le jeune prince eut tout à refaire. Heureusement, — on se le rappelle, — monseigneur le duc de Montpensier est un homme de goût, une nature artistique, et il s'entend admirablement à créer, organiser, disposer et orner.

Extérieurement, — nous serons franc, au risque de déplaire à ses royaux et affables habitants, — le palais San-Telmo est d'assez mauvais goût, ou tout au moins d'un style très-contestable. L'infant ne pouvait rien y changer... mais à l'intérieur il en a fait un véritable bijou, et l'on reconnaît l'élégance, le luxe et le goût si pur du génie français.

Dans les beaux salons du rez-de-chaussée, qui forment le commencement des nouveaux appartements de réception, et qui, par une immense galerie, vont se relier à la façade du bord de l'eau, le prince a réuni la collection de ses anciens tableaux. Là ont pris place la *Virgen à la faja* de *Murillo,* les beaux *Zurbaran* de la Chartreuse de Jerez, le *Philippe V* de *Rigault*, des *Velazquez*, merveilleuses esquisses achevées de ses grands tableaux de Madrid, un *Morales,* un *Valdés Leal* et plusieurs autres toiles célèbres, que l'on admire sans avoir besoin de savoir de qui elles sont signées.

Les tableaux de l'école moderne, — tous français, — sont répandus dans les salons d'été. Le duc de Montpensier a déposé là ce qu'il a pu sauver du naufrage de février, ses *Henry Lehman,* ses *Papety,* ses *Ary Scheffer,* ses *Isabey,* ses *Gudin,* ses *Girardet,* ses *de Dreux,* ses *Diaz,* ses *Johannot,* etc., etc. Dans le grand salon de *Corte,* qui s'achève en ce moment, prendront place d'autres toiles, trop grandes pour pouvoir être posées ailleurs, entre autres la *Visite du prince aux ruines d'Athènes,* par *Papety,* et le *Duc de Guise après la bataille de Dreux,* par *Alfred Johannot.* Dans les salons du premier se trouvent rassemblés divers objets d'art, les armes précieuses offertes au prince, dans ses voyages, par le vice-roi d'Égypte, le bey de Tunis et le sultan Abd-ul-Medjid, une épée de *Garci-Perez,* le célèbre capitaine, une autre de *Charles-Quint,* une guitare d'*Isabelle* la Catholique, bref une foule de choses intéressantes à divers points de vue.

Enfin nous ne devons pas oublier les jardins, dessinés par le prince lui-même, si nous ne nous trompons, et *créés* par l'ancien jardinier de la princesse Adélaïde, un Français, M. Lecollant, dont on peut dire qu'il est un véritable artiste. Ces jardins ne sont pas seulement les plus beaux de l'Espagne, ils en sont les seuls, et la reine, à Madrid, n'a rien qui puisse la consoler, sous ce rapport-là, de n'être pas sa sœur l'infante. Avant de nous éloigner de ce souvenir lointain de Vincennes et de quitter Séville, disons que rien n'égale la grâce, l'affabilité et la bienveillance des jeunes hôtes de *San-Telmo*... si ce n'est leur inépuisable charité, à laquelle tant de larmes doivent de n'avoir jamais coulé deux fois!

Du palais, en traversant le *paseo* de Christine, et en suivant la rive droite du Guadalquivir, on arrive en face du cirque..... Qui dit le *cirque* en Espagne, et particulièrement à Séville, a tout dit. Ce mot résume toutes les joies, toutes les passions et tous les instincts du peuple.

Le vaste amphithéâtre de la capitale de l'Andalousie destiné à ce genre de distractions, date d'il y a plus d'un siècle. Ce fut la *maestranza* (école militaire), à laquelle il appartient encore, qui le fit construire. Ce devait être d'abord un immense polygone, avec trente côtés, entouré de gradins en pierre et surmonté d'un second étage, orné de balcons en saillie; mais, comme toujours, on se contenta de commencer... et depuis cent ans les Sévillanais attendent vainement qu'on achève!... Nous leur souhaitons que ce ne soit jamais, et que le Guadalquivir, dans un accès de colère et de juste indignation, emporte jusqu'au dernier vestige de ces spectacles qui sont une honte pour un siècle et pour un pays! Telle qu'elle est, l'arène de Séville passe encore pour la plus belle d'Espagne. Un régiment de cavalerie y manœuvrerait à l'aise, et l'on regrette qu'on ait cru devoir en faire un abattoir!...

Ceux de nos lecteurs qui nous auraient par hasard déjà suivi dans notre voyage en Amérique (*les Mondes nouveaux,* publiés en 1855) connaissent notre opinion sur les courses de taureaux. Elle n'a pas changé, et nous persistons à soutenir que c'est là une barbare institution, qui, loin d'engendrer le vrai courage, comme se le sont imaginé certains auteurs, ne sert qu'à émousser le cœur et à l'avilir. Les anciens rois d'Espagne nous donnent raison en tous leurs mandements sur la matière. Ils regardaient l'établissement des courses de taureaux, dans la Péninsule et ses vastes conquêtes, comme le moyen le plus sûr d'*abrutir* les peuples, et de les charger de chaînes sans qu'ils en sentissent le poids. Il est certain que l'habitude du sang rend insensible à tous les maux, et que le prétendu grand *courage* qu'elle engendre n'est le plus souvent qu'une immense *lâcheté*. Voyez, au Chili (la seule république de l'Amérique du Sud qui progresse) le premier soin des gouvernants a été d'abolir les courses de taureaux... On nous citera les Romains... Mais leur civilisation était encore de la barbarie, et nous ne voudrions pas de leur grandeur !...

Ce qui a été n'est plus, et nous ne savons pourquoi cette pauvre Espagne persiste à se tenir dans l'ornière du passé.

Espérons pour elle qu'avec le premier chemin de fer disparaîtra le dernier combat de taureaux !

C'est le vœu bien sincère que nous inspire l'amour que nous lui avons voué !

Empressons-nous de le dire, si à Séville le gros public adore les courses, les femmes qui ont reçu de l'éducation n'y vont plus... et c'est déjà un bon symptôme. Instruisez le peuple, donnez-lui de bons théâtres, et vous verrez qu'il préférera bientôt les plaisirs délicats de l'intelligence, les douces émotions du cœur aux sanglantes et grossières impressions qu'il va chercher au cirque. Cela dit, nous reconnaîtrons volontiers que les courses de Séville sont très-brillantes... mais l'abattoir de Grenelle est aussi une fort belle chose... et nous ne recommanderons cependant à personne d'y entrer...

Ce qu'il y a évidemment de plus intéressant dans ce spectacle des courses, c'est le public, et nous préférons aller le retrouver à la *feria de Sevilla*. Vous avez là le véritable Andalou, la véritable Andalouse, l'Espagne pittoresque et poétique, et vous n'avez pas de sang!... Les chevaux caracolent gaiement, sans traîner leurs entrailles sur le sable rougi. Les vestes courtes, à paillettes d'or, sont vierges de toutes taches... Et au lieu de sentir cette odeur âcre et nauséabonde de boucherie qui, au cirque, vous prend à la gorge, vous ne respirez que des parfums printaniers...

La foire de Séville, au point de vue commercial, a une importance nulle. Cela ressemble à un marché ordinaire de Poissy ou de Palaiseau; mais ce qui ne ressemble à rien de ce que le lecteur connaît, c'est l'entrain, le luxe et l'originalité qu'apportent les Andalous à cette espèce de kermesse. D'abord le champ de foire est magnifique, et l'époque de l'année choisie splendide. Le ciel, la cathédrale, les arbres, la prairie luttent d'éclat et de magnificence. D'élégantes tentes se dressent de tous les côtés. Ici vous avez celle de l'infante, du Casino, là celles de l'aristocratie, plus loin celles des gitanas, où l'on va manger des beignets. Enfin, dans les avenues, de brillants équipages et de folles cavalcades se pressent; sur les bas-côtés, vous ne voyez que frais minois, jupes courtes, jambes fines et nerveuses. C'est un coup d'œil vif, animé, unique!

Quant à la rue Saint-Ferdinand, qui conduit au champ de foire, et dans laquelle la foule ondule, pareille à un long serpent, elle offre un caractère tout particulier d'étrangeté et de poésie. Sous cette longue tente, qui la couvre d'un bout à l'autre, elle ressemble à une rue du Caire ou de Constantinople... et cependant ce n'est pas cela, car c'est mieux que cela, c'est Séville... Séville la mauresque, Séville l'andalouse, Séville l'amoureuse, comme nous l'avons dit au commencement de ce livre. Nous nous résumons. La foire de Séville n'est pas seulement une scène, c'est un tableau, mais un tableau qui ne se voit qu'à la clarté du soleil de l'Andalousie ou à la lueur fumeuse de *los belones*. . . . .

. . . .

Ici un de nos amis, avec lequel nous devons partir dans une heure, *don Diego* (*James*) *Hartley*, — un Anglais né en France, un Français qui habite l'Espagne, un Espagnol qui aime l'Italie, un Italien qui regrette l'Amérique; bref, un homme cosmopolite, *don Diego* (*James*) *Hartley*, disons-nous, vient nous avertir qu'il est temps de fermer le livre et de faire notre malle. *Don Diego* (*James*) *Hartley* est spirituel et charmant (tous nos amis le sont), mais en ce moment nous l'aurions envoyé volontiers à tous les...

Quel mot allions-nous prononcer!... Le lecteur nous

comprend, et, avec son indulgence habituelle, il nous pardonne d'être forcé de lui dire si brusquement :

« *Ave, Maria purisima, las doce han dado y Sereno!* »

(Pour la traduction, s'adresser à notre ami *don Diego* (*James*) *Hartley,* qui est une véritable *tour de Babel* et parle toutes les langues.)

Séville, 1857.

XVI.

POST-SCRIPTUM.

Depuis que les quelques pages qui précèdent ont été écrites, nous sommes revenu en France, et, nous l'avouons avec franchise, en les relisant avant de les livrer à l'impression, nous leur avons trouvé plus d'un défaut; nous avons surtout regretté la légèreté trop constante dont elles sont peut-être empreintes. Un instant même, nous nous sommes demandé si nous ne referions pas ce travail en entier, afin de lui donner une forme plus digne des grands sujets qu'il avait abordés, et si nous ne jetterions pas simplement au feu ces feuillets à l'allure un peu cavalière et folle. Il nous paraissait que nous avions eu tort de rire en parlant de l'Espagne, que notre sujet ne comportait pas autant de gaieté, et qu'une douce mélancolie eût été à la fois plus convenable et plus sympathique; mais, en y réfléchissant mieux, nous nous sommes dit qu'avant toutes choses il fallait être vrai (c'est le but que nous nous sommes efforcé de poursuivre dans chacun de nos autres ouvrages jusqu'à ce jour), et que ces rapides feuillets, quelque imparfaits ou incomplets qu'ils parussent d'ailleurs, avaient au moins le mérite d'être la traduction sincère d'une impression vraie.

Nous avons vu en artiste, et nous avons écrit de même, au fur et à mesure que notre œil émerveillé faisait naître une sensation dans notre âme, éclore une pensée sous notre plume. Nous avons été le peintre qui remplit son album de croquis, avec l'intention d'en faire plus tard un tableau, mais qui, de retour dans son atelier, trouve son œuvre rêvée si loin de la réalité, qu'il lui préfère ses croquis pleins de souvenirs charmants, et que son tableau reste à l'état d'ébauche. Cette considération nous a déterminé à publier ainsi nos croquis, c'est-à-dire à les publier sans y ajouter un seul coup de crayon.

Sans doute, on pourra nous accuser d'avoir quelquefois poétisé l'Espagne; mais que resterait-il donc d'elle si on ne la poétisait pas? Que serait-elle dans le présent si on ne la voyait pas à travers le prisme de son passé? Nous l'avons regardée de haut, et à ce point de vue-là nous sommes resté dans le vrai tout en l'embellissant, de même qu'un peintre resterait dans le vrai en prodiguant les fleurs, en plein Paris et en plein mois de janvier, dans un tableau qui représenterait un paysage et s'appellerait, nous supposons, *le Printemps!* Nous avons pris *Séville* au printemps de son histoire, et c'est pourquoi nous lui avons attaché tant de rubans roses...

Hélas! tandis que, dans notre naïf enthousiasme, nous craignions de l'avoir faite trop belle, voici que la presse espagnole nous accuse de n'avoir pas brûlé assez d'encens sur son autel renversé. Nous demandons au lecteur si ce reproche lui paraît fondé. Que la presse espagnole, jugeant notre livre sur les fragments qui lui ont été communiqués, le critique dans ce qu'il peut avoir de réellement répréhensible au point de vue littéraire, rien de mieux ! Elle serait dans son droit, et nous sommes trop partisan de la liberté d'examen pour récuser nos censeurs naturels; mais qu'elle nous fasse un crime des choses que nous n'avons pas dites, c'est aller un peu loin, ce nous semble.

Nous avons habité Séville pendant près de deux ans, et, quoique ces deux années aient été bien tristement remplies par des désastres de toute nature, nous avons cependant conservé de la ville et des gens un souvenir à la fois vif et doux; nous avons de plus laissé dans ce pays quelques bons amis, et on comprendra que ç'ait été pour nous un motif suffisant de passer légèrement sur certaines vérités malheureusement trop acquises à l'histoire moderne des voyages, et qui blessent l'orgueil national espagnol sans rien apprendre à personne. Plaignons l'Espagne, ne l'humilions pas !

Cependant, si nous nous inclinons devant les droits de la critique, nous devons nous réserver également ceux de l'écrivain; si nous avouons que notre enthousiasme pour les beautés artistiques de *Séville la mauresque* nous a entraîné à prodiguer beaucoup d'éloges et à taire quelques-unes des vérités tristes dont nous parlions tout à l'heure, nous devons reconnaître que nous aurions pu être infiniment moins bienveillant, infiniment moins discret. C'est là ce que la presse espagnole paraît ne pas avoir compris.

Ainsi elle nous cherche querelle à propos de l'absence de routes, à propos des hôtelleries où l'on ne trouve pas à dîner, à propos des diligences qui arrivent avec huit ou dix jours de retard... quand elles arrivent, à propos des voleurs, à propos des chemins de fer... en projet... Mais, hélas! tout cela est connu, tout cela est trop vrai, et si nous l'avions écrit, nous n'aurions fait que répéter ce qui a été répété mille fois. Est-ce notre faute, à nous, si Alexandre Dumas a eu raison en disant que l'Europe finissait aux Pyrénées?

De tout cela que faut-il conclure?

Rien, si ce n'est que l'Espagne est un bien beau, un bien magnifique pays, auquel il ne manque qu'une centaine d'années de plus et quelques mille kilomètres de voies ferrées. Les années perdues, elle les rattrapera; les voies ferrées, elle les aura! Et Shakspeare finira toujours par avoir raison :

All is well, that ends well.

Paris, octobre 1857.

FIN.

TABLE.

Paris. — Typographie de Henri Plon, imprimeur de l'Empereur,

8, rue Garancière.

www.ingramcontent.com/pod-product-compliance
Ingram Content Group UK Ltd.
Pitfield, Milton Keynes, MK11 3LW, UK
UKHW022040190726
13855UKWH00002B/363

9 782013 025621